Materialien
Glaube und Fehlformen des Glaubens

Horst Gorbauch /
Dorothea Mehner-Weber (Hrsg.)

Materialien
Glaube und Fehlformen des Glaubens

Sekundarstufe I

Ernst Klett Verlag für Wissen und Bildung
Stuttgart · Dresden

1. Auflage 1 5 4 3 2 1 | 1996 95 94 93 92

Alle Drucke dieser Auflage können im Unterricht nebeneinander benutzt werden, sie sind untereinander unverändert. Die letzte Zahl bezeichnet das Jahr dieses Druckes.

Satz und Druck: Wilhelm Röck, Weinsberg
Einbandgestaltung: Zembsch' Werkstatt, München
ISBN 3-12-268770-4

Inhalt

„Glaube“ im alltäglichen Sprachgebrauch und Glaubensvorstellungen des Normalbürgers

1 Mertens, Für sich selbst gezeichnet 7

Das Urvertrauen

2 Horst Blume (19 Jahre) 8
3 E. H. Erikson, Urvertrauen 8
4 Der Lebenszyklus nach Erikson 10

Christlicher Glaube als Sinngebung im Leben

5 Dietrich Bonhoeffer, Wer bin ich? 11

Beispiele abergläubischer Praktiken – Astrologie

6 Horoskoperstellung – Voraussetzungen und Beispiele 12
7 Thesen zur Astrologie 14
8 Prokop/Wimmer, Kritik an der Astrologie 15

Überblick: Okkultismus heute – Begriffsklärung

9 Umfrage zum Thema „Aberglaube“ 17

Folgen und Ursachen des Aberglaubens / Okkultismus I

10 Das spiritistische Erlebnis der I. M. 18
11 Der Okkultismus und seine Folgen – einige Beispiele 18
12 Aus einer Umfrage unter 126 Astrologen 19

Folgen und Ursachen des Aberglaubens / Okkultismus II

13 Neil Postman, Wir amüsieren uns zu Tode 20
14 Gründe für die Ausbreitung des Okkultismus 20
15 Die Haltung des Abergläubischen 22

Vergleich zweier Glaubensbekenntnisse

16 Apostolisches Glaubensbekenntnis – modernes Glaubensbekenntnis 23

Ich glaube an Gott, den allmächtigen Vater

17 Bilder von Gott in anderen Religionen 25
a) Kanaäische Religion 25
b) Der Hinduismus 26
c) Der Islam 27

Gott, Schöpfer Himmels und der Erde

18 Kann man das Sein Gottes beweisen? 27
19 Der Schöpfer als Weltenmesser 28

Leiden, Tod und Auferstehung Jesu

20 Zeitungsberichte zum Thema „Gewalt" 29
21 Matthias Grünewald, Kreuzigung 32
22 Gelitten unter Pontius Pilatus, gekreuzigt, gestorben und begraben 34
23 Augenzeugenbericht aus einem Konzentrationslager 35

Die Freiheit der Christen – die Gebundenheit der Abergläubischen

24 Ein Tag im Leben eines Abergläubischen 35
25 Eine jüdisch-christliche Sekte zur Zeit der ältesten Christen 36

Aberglaube im Christentum?

26 Aberglaube im Christentum? 37

Hexenverfolgung und Hexenglaube I

27 Hexenverfolgung 39
28 Eine Spukgeschichte aus England 40
29 Der Hexenzügel – Eine Spukgeschichte aus Florida 42

Hexenverfolgung und Hexenglaube II

30 De Lancre, Der Hexensabbat 46
31 Beschreibung des Hexensabbats 46
32 Hexenverbrennung 47
33 Die christlichen Kirchen und die Hexenverfolgungen 48
34 Ursachen des Hexenwahns 49

Hexenverfolgung und Hexenglaube III

35 Hexerei und Hexenverfolgung: Entstehung und Hintergründe 51
36 Karikatur eines Juden (NS-Plakat) 52

Quellennachweis 53

„Glaube“ im alltäglichen Sprachgebrauch und Glaubensvorstellungen des Normalbürgers

1 Mertens, Für sich selbst gezeichnet

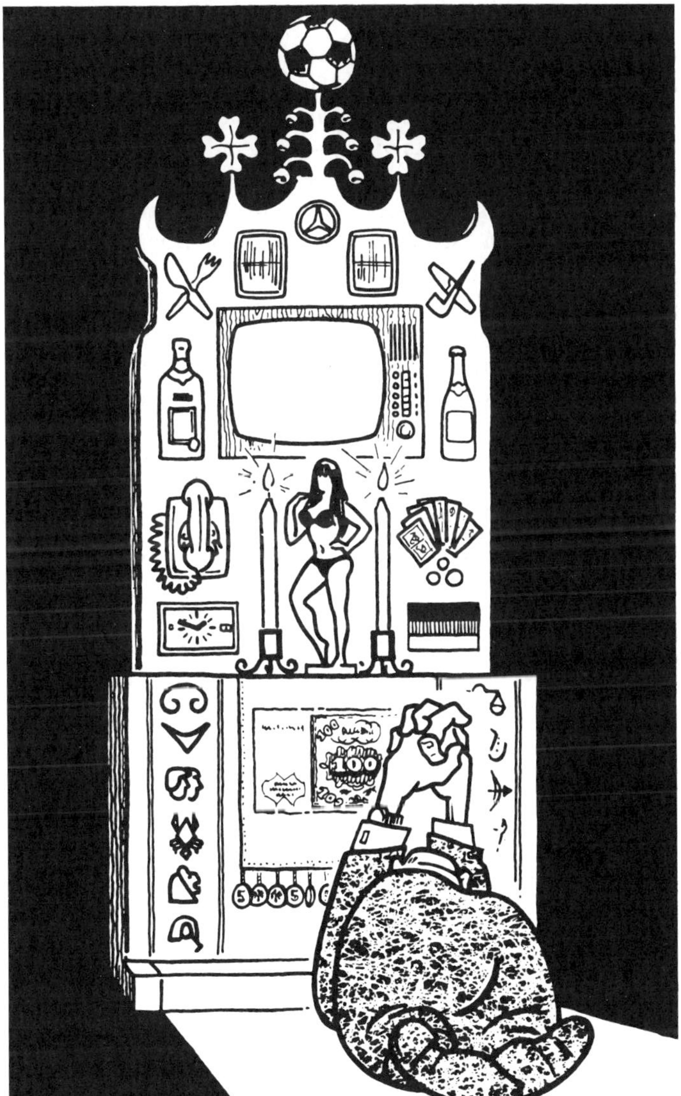

Aus: Mack/Volpert, Kennen Sie die 10 Gebote?

2 Horst Blume (19 Jahre):

„Ich bin mit 1 Jahr nach Papenburg ins Heim gekommen. Da bin ich bis zu meinem 11. Lebensjahr geblieben. Dann bin ich nach Hause gekommen. Paar Wochen danach kam ich nach Lübeck ins Heim. Da blieb ich auch nur ein paar Wochen. Von da aus kam ich in das Landeskrankenhaus Schleswig. Hier blieb ich ungefähr 14 Wochen. Dann kam ich nach Dorsten ins Landes-Erziehungsheim. Da blieb ich 1½ Jahre. Im Dezember 1968 kam ich nach Delmenhorst ins Lehrlingsheim. Im April 1969 kam ich nach Bürgermoor." ... Der „Lebenslauf" Blumes schließt so: „Von da aus kam ich ins Jugendgefängnis."

Aus der SPIEGEL-SERIE „Jugendkriminalität in der Bundesrepublik"

3 E. H. Erikson, Urvertrauen

E. H. Erikson hat in seinen Arbeiten gezeigt, daß die Ausbildung von Urvertrauen grundlegend ist für eine relativ gesunde psychosoziale Entwicklung[1] vom Säugling bis zum reifen Erwachsenen. Diese Entwicklung verläuft, so hat Erikson nachgewiesen, über verschiedene Stufen und Krisen, wobei die späteren Identitätskrisen, je nach der Lösung der früheren, anders verlaufen.
Erikson nennt die erste dieser Identitätskrisen den oral-sensorischen[2] Kernkonflikt. Das Urvertrauen, das man bei einem glücklichen Verlauf dieses Konflikts gewinnt, versetze den sich entwickelnden Menschen grundsätzlich in die Lage, die Identitätskrisen zu lösen. Die erste Krise sei die wichtigste und wiederhole sich immer wieder.
Urvertrauen definiert Erikson als ein Gefühl des sich-verlassen-Dürfens, und zwar in bezug auf die Glaubwürdigkeit anderer wie auf die Zuverlässigkeit seiner selbst. Der kritische Moment für die Entwicklung der kindlichen Persönlichkeit, in dem unter Umständen ein Ursprungstrauma[3] entstehen könne, sei die Entwöhnung von der Mutterbrust. Hier erlebe der Säugling zum erstenmal die Versagung des bisherigen Nahrungs- und Lebensstroms, eine erste Erfahrung des Verlassenseins. Aus dieser Erfahrung bleibe ein Bodensatz an Urmißtrauen zurück, ein oraler Pessimismus, der sich lebenslang als Furcht vor Leersein und Zu-nichts-gut-Sein auswirken könne, wenn er nicht durch das aus der Erfahrung der mütterlichen Pflege gewonnene gegenläufige Urvertrauen ausgeglichen werde. Das vermittelte Urvertrauen müsse also stärker sein, damit der Säugling die ersten Frustrationen[4] verarbeiten könne.
Ausschlaggebend in diesem ersten Konflikt ist nach Erikson das Verhalten der Mutter. Die mütterliche Pflegehaltung erwecke ein Gefühl des Angenommenseins und der Geborgenheit, das die negativen Erfahrungen mit der Mutter überstrahle. So entstehe eine Vertrauenshaltung, aus der heraus gelegentliche Frustrationen erträglich würden. Diese Frustrationstoleranz ist lebensnotwendig.
Erikson zeigt, daß sowohl der oral-sensorische Kernkonflikt als auch die weiteren

Identitätskrisen Gefahren der Fehlentwicklung in sich bergen. Das Kind reagiere zunächst rein lustbezogen und bedürfe, um lebensfähig zu werden, der Anpassung an die Realität. Das Urvertrauen müsse dem Realitätsprinzip[5] gerecht werden. Erikson bezeichnet es als erste soziale Leistung des Kindes, wenn es die Mutter aus seinem Gesichtskreis entlassen kann, ohne in Angst und Zorn zu geraten, weil es ständig die reale Erfahrung macht, daß die Mutter immer wieder zu ihm zurückkehrt. Diese Erfahrung habe sich zu einer inneren Gewißheit über die Zuverlässigkeit der Mutter verfestigt.

Sei es dem Säugling nicht möglich, zu einem Ausgleich zwischen seinen Bedürfnissen und der Realität zu kommen, erlebe er entweder die Außenwelt grundsätzlich als gefährlich und negativ und die Innenwelt grundsätzlich als gut. Es entwickle sich dann ein Urmißtrauen, das die Gefahr einer zu großen Orientierung nach innen berge. Ermögliche die mütterliche Pflegehaltung dem Säugling keine allmähliche Anpassung an die Realität, kann, nach Erikson, andererseits auch eine zu große Orientierung nach außen die Folge sein. Der Säugling werde für seine Bedürfnisbefriedigung an die Außenwelt verwiesen. Ergebnis einer solchen Fehlentwicklung sei ebenfalls das Urmißtrauen, jetzt aber mit der Furcht vor Leersein und einer Urgier verbunden.

Das gewonnene Urvertrauen muß sich in der analen[6] Problematik erneut bewähren. Nur auf der Basis des unbedingten Angenommenseins könne das Kind die fordernde und Ordnung repräsentierende Mutter akzeptieren.

Aus: E. H. Erikson, Identität und Lebenszyklus

Begriffserläuterungen:

[1] psychosoziale Entwicklung: Entwicklung im Zusammenspiel von inneren (psychischen) und äußeren (sozialen) Faktoren

[2] oral-sensorisch: die einzige Wahrnehmungsmöglichkeit von Lust ist in dieser Phase für das Kind das Saugen mit dem Mund – oral: entsprechend: auf die Erfahrungen mit dem Mund bezogen

[3] Trauma: Verletzung, Störung

[4] Frustration: Enttäuschung (einer Erwartung)

[5] Realitätsprinzip: Fähigkeit, auf das zu achten, was von außen an Schwierigkeiten und Enttäuschungen auf das Kind zukommt.

[6] anal: Festhalten oder Loslassen (des Kots) betreffend

4 Der Lebenszyklus nach Erikson

	Psychosoziale Krisen	Umkreis der Beziehungspersonen	Psychosoziale Modalitäten	Psychosexuelle Phasen
I Säuglingsalter	Vertrauen gg. Mißtrauen	Mutter	Gegeben bekommen Geben	Oral-respiratorisch, sensorisch kinästhetisch (Einverleibungsmodi)
II Kleinkindalter	Autonomie gg. Scham, Zweifel	Eltern	Halten (Festhalten) Lassen (Loslasen)	Anal-urethral Muskulär (Retentiv-eliminierend)
III Spielalter	Initiative gg. Schuldgefühl	Familienzelle	Tun (Drauflosgehen) „Tun als ob" (= Spielen)	Infantil-genital Lokomotorisch (Eindringend, einschließend)
IV Schulalter	Werksinn gg. Minderwertigkeitsgefühl	Wohngegend Schule	Etwas „Richtiges" machen, etwas mit anderen zusammen machen	Latenzzeit
V Adoleszenz	Identität und Ablehnung gg. Identitätsdiffusion	„Eigene" Gruppen, „die Anderen" Führer-Vorbilder	Wer bin ich (wer bin ich nicht) Das Ich in der Gemeinschaft	Pubertät
VI Frühes Erwachsenenalter	Intimität und Solidarität gg. Isolierung	Freunde, sexuelle Partner, Rivalen, Mitarbeiter	Sich im anderen verlieren und finden	Genitalität
VII Erwachsenenalter	Generativität gg. Selbstabsorption	Gemeinsame Arbeit, Zusammenleben in der Ehe	Schaffen Versorgen	
VIII Reifes Erwachsenenalter	Integrität gg. Verzweiflung	„Die Menschheit" „Menschen meiner Art"	Sein, was man geworden ist; wissen, daß man einmal nicht mehr sein wird.	

Aus: E. H. Erikson, Identität und Lebenszyklus (gekürzt)

5 Dietrich Bonhoeffer, Wer bin ich?

Wer bin ich? Sie sagen mir oft,
ich träte aus meiner Zelle
gelassen und heiter und fest
wie ein Gutsherr aus seinem Schloß.

Wer bin ich? Sie sagen mir oft,
ich spräche mit meinen Bewachern
frei und freundlich und klar,
als hätte ich zu gebieten.

Wer bin ich? Sie sagen mir auch,
ich trüge die Tage des Unglücks
gleichmütig, lächelnd und stolz,
wie einer, der Siegen gewohnt ist.

Bin ich das wirklich, was andere von mir sagen?
Oder bin ich nur das, was ich selbst von mir weiß?
Unruhig, sehnsüchtig, krank, wie ein Vogel im Käfig,
ringend nach Lebensatem, als würgte mir einer die Kehle,
hungernd nach Farben, nach Blumen, nach Vogelstimmen,
dürstend nach guten Worten, nach menschlicher Nähe,
zitternd vor Zorn über Willkür und kleinlichste Kränkung,
umgetrieben vom Warten auf große Dinge,
ohnmächtig bangend um Freunde in endloser Ferne,
müde und leer zum Beten, zum Denken, zum Schaffen,
matt und bereit, von allem Abschied zu nehmen?

Wer bin ich? Der oder jener?
Bin ich denn heute dieser und morgen ein andrer?
Bin ich beides zugleich? Vor Menschen ein Heuchler
und vor mir selbst ein verächtlich wehleidiger Schwächling?
Oder gleicht, was in mir noch ist, dem geschlagenen Heer,
das in Unordnung weicht vor schon gewonnenem Sieg?

Wer bin ich? Einsames Fragen treibt mit mir Spott.
Wer ich auch bin, Du kennst mich, Dein bin ich, o Gott!

Aus: Dietrich Bonhoeffer, Widerstand und Ergebung

6 Horoskoperstellung – Voraussetzungen und Beispiele

Himmelskarte:

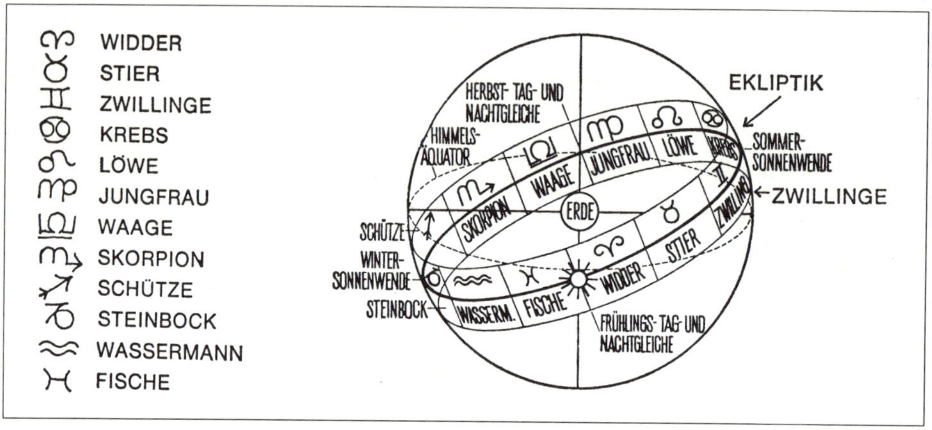

Aus: W. Janzen, Okkulte Erscheinungen

Geburtshoroskope:

Dieser Mensch, geboren an einem 15. Mai in Frankreich um 10 Uhr, ist im Zeichen Stier geboren; sein Aszendent-Zeichen ist der Löwe. Der Aszendent befindet sich auf der Zeichnung am Kreuzpunkt des Tierkreises und der Horizontlinie.

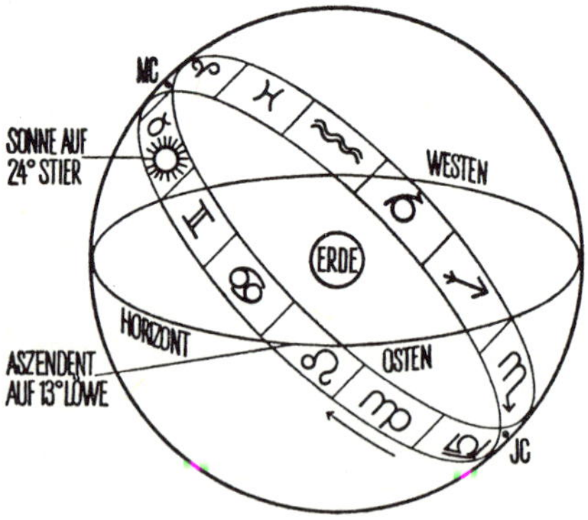

Aus: W. Janzen: Okkulte Erscheinungen

Angegeben sind hier nur die wichtigsten Grunddaten. (Sphärisches Horoskop)
Ausgangsdaten: Der Klient wurde am 13. Mai 1968 um 17.12 Uhr in Frankfurt/Main geboren.

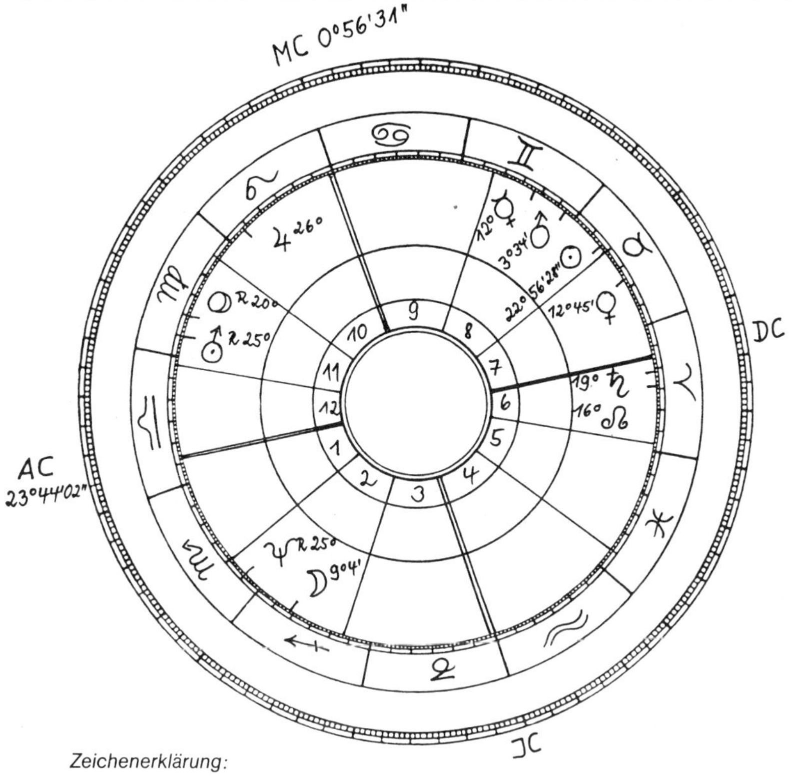

Zeichenerklärung:

Die Symbole der Tierkreiszeichen

♈ Widder
♉ Stier
♊ Zwillinge
♋ Krebs
♌ Löwe
♍ Jungfrau
♎ Waage
♏ Skorpion
♐ Schütze
♑ Steinbock
♒ Wassermann
♓ Fische

Die Häuser
sind mit den Ziffern 1 bis 12 bezeichnet

Die Planetensymbole

☉ Sonne
☽ Mond
☿ Merkur
♀ Venus
♂ Mars
♃ Jupiter
♄ Saturn
♅ Uranus
♆ Neptun
♇ Pluto

☊ Mondknoten
AC Aszendent
DC Deszendent
IC Himmelstiefe (Immum coeli)
MC Himmelsmitte (Medium coeli)
R (= rückläufig) bedeutet, daß sich der Planet gerade scheinbar rückwärts bewegt

Aus: Begleitblatt zum Film: Die Sterne zwingen nicht

7 Thesen zur Astrologie

1. Die Astrologie geht davon aus, daß die Erde im Mittelpunkt der Welt steht und alle Planeten um sie kreisen. Die Erde ist jedoch selbst ein Planet und kreist um die Sonne.
2. Infolge der Präzession (Vorrücken des Frühlingspunktes) stimmen Sternbilder und Tierkreiszeichen nicht mehr überein. Die Astrologie rechnet mit einem Stand, der vor etwa 2000 Jahren richtig war.
3. Die Planeten sollen nach astrologischer Ansicht den Menschen Glück und Unglück bringen, wobei diese Wirkungen durch Strahlen ausgelöst werden. Wie die Spektralanalyse zeigt, setzen sich Sonne wie Planeten aber aus den gleichen Elementen wie unsere Erde zusammen. Wie sollen dabei Strahlen, die demnach doch auch gleichartig sein müßten, so gegensätzliche Wirkungen wie Glück und Unglück zustande bringen? Die astrologische Ansicht, die Sonnenstrahlen übertrügen die Schicksalskräfte, entbehrt gleichfalls jeder Begründung. Die Sonnenstrahlen gelangen direkt oder indirekt zu uns. (...) Aber alle auf direktem oder indirektem Wege erzeugten Wirkungen sind streng wissenschaftlich zu erklären. (...)
4. Die Astrologie rechnete bis zur Entdeckung dreier neuer Planeten mit der heiligen Siebenzahl. Seit alters wird verschiedenen Zahlen eine geheimnisvolle Wirkung zugeschrieben. (...) Was ist nun mit der Siebenzahl, nachdem drei neue Planeten entdeckt worden sind?
5. (...) Hinsichtlich der Namengebung haben wir Beweise, die die Behauptung, die Astrologie sei eine Erfahrungswissenschaft, vollauf ad absurdum führen. (...) 1781 entdeckte Herschel einen Planeten, der den Namen Uranus erhielt. Diese Benennung hielt sich an die alte Tradition, Planeten mit antiken Götternamen zu bezeichnen. Uranus ist der griechische Gott der Naturkräfte. (...) Die Umlaufzeit des Uranus um die Sonne beträgt 84 Jahre, er hat also seit seiner Entdeckung gerade gute 2 Umläufe hinter sich gebracht. Man sollte nun meinen, daß dies für Erfahrungswissenschaftler etwas wenig sei, zumindest kann man doch aus so wenig Beobachtungsmaterial noch keine exakten Schlüsse ziehen. Unsere Astrologen aber wissen es schon ganz genau: Uranus hat in der Astrologie die Herrschaft über die Naturkräfte und schafft Katastrophen und Unfälle. (...)
6. Wenn die Planeten so großen Einfluß auf das menschliche Schicksal haben, wenn jeder einzelne Planet von derart enormer Bedeutung ist, was ist dann mit den Einflüssen jener kleinen Planeten, die zwischen Mars und Jupiter ihre Bahn ziehen?
7. Wenn die Wirkung der Sterne so groß ist, welche Wirkungen hatten die Sterne dann, bevor es Menschen auf der Erde gab?
8. Die Sternbilder sind willkürliche Schöpfungen des Menschen. Das Bedürfnis nach Orientierung machte die hellsten und auffälligsten Sterne zu Merksternen. Ihre Namensgebung genauso wie die Namensgebung zusammengefaßter Sterngruppen erfolgte nach ihrer äußeren Analogie mit Gegenständen aus der menschlichen Umgebung und Praxis. Mythologie und Phantasie wurden zu Quellen der

Sternausdeutung. Indem aus den derart zusammengerafften Sternbildern und Sternen ihrem Namen gemäße Wirkungen geweissagt wurden, entstand ein astrologischer Namensmythos und Namensfetischismus. (...)

9. (...)
10. Gerade bei (...) politischen Horoskopen zeigt sich die ganze Gefährlichkeit der Astrologie, weil mit ihrer Hilfe die Menschen von der Beachtung der Realität abgelenkt werden. Die Astrologie mindert das Verantwortungsbewußtsein des Menschen, sie ist darüber hinaus ausnutzbar durch jene Kräfte, die ein direktes Interesse an der Volksverdummung haben. (...)

Aus: Gerhard Zwerenz, Magie, Sternenglaube...

8 Prokop/Wimmer, Kritik an der Astrologie

Sechs Thesen zur Astrologie allgemein:

1. Die Sterne stehen im Kosmos nicht dort, wohin sie die Astrologen plaziert haben. Durch die Präzession ist eine Verlagerung eingetreten. Sie standen vor 2000 Jahren dort, wo sie die Astrologen noch heute vermuten.
2. Die Häuserlehre der Astrologen stellt eine willkürliche und durch nichts begründete Aufteilung des von der Erde aus zu übersehenden und des nicht zu übersehenden Sternenhimmels dar. Sie ist selbst für einen Laien eine Zumutung – nur denkt er darüber nicht nach.
3. In der Astrologie haben die meisten Sterne des Himmels keine Bedeutung. Der Polarstern, der Große Bär, die Sterne der Milchstraße, der Orion, sind z. B. ohne Bedeutung. Nur zehn „Planeten“ (darunter auch Sonne und Mond) und die Sterne der Tierkreiszeichen haben Gültigkeit.
4. Die Lehre der Aspekte ist nur aus dem alten Götterglauben heraus zu verstehen. Standen sich die Sterne gegenüber (standen sich die Götter gegenüber) = 180 Grad – in der Astrologie als Opposition bezeichnet –, so war die Wirkung der Sterne aufeinander ungünstig („Kampfposition“).
5. Die Ausdeutung einer „astrologischen Konstellation“ von Gestirnen im Horoskop ist so vielfältig, daß in jedem Falle Nachhineintreffer konstruiert werden können. Hierbei helfen die „Primär- und Sekundärdirektionen“, die „Transite“, die „Aszendenten“, die „Generalsignifikatoren“, die „Mundanaspekte“, die „Zeitregenten“ usw. Die Trefferkonstruktionen sind Meisterwerke der Kritiklosigkeit.
6. Die Zuordnung der Menschen (Tiere, Schiffe, Gebäude) zu bestimmen, ihren Charakter bedingenden Tierkreiszeichen ist gänzlich unbegründet. In der Astrologie gelten z. B. „Stier“-Menschen als zähe Nützlichkeitsmenschen mit großem Familiensinn (Robespierre, Kant und Hitler waren „Stiere“). „Krebs-Menschen“ zeigen ein Mißverhältnis zwischen Wollen und Können, sie sind unentschlossen, weiblich und ohne Ausdauer (Cecil Rhodes, Graf Zeppelin). „Waagemenschen“ haben ein starkes Gerechtigkeitsgefühl, aber keine Tatkraft (Hindenburg, Foch, Himmler).

Über die Geburtshoroskope:

Auch ein Laie könne heute leicht erkennen, daß der wissenschaftliche Wert eines solchen Horoskops gleich null ist:

1. Weil er sich fragt, warum der Astrologe für sich und seine Familie nicht Unheil abwenden kann;
2. Weil Grundzüge der Genetik heute auch schon in der Schule gelehrt werden und bei Nachdenken diese ihn skeptisch machen müßten;
3. Weil der Laie, spätestens seit den Diskussionen um den § 218 StGB, unbedingt wissen müßte, daß die „Menschwerdung“ der Leibesfrucht – selbst nach religiösen Vorstellungen – nicht vom Geburtstermin abhängig ist, der in der Astrologie eine so große Rolle spielen soll;
4. Weil er erkennen muß, daß eine Berufung auf die Höhenstrahlung, die zur Zeit der Geburt nach Art eines Zeitzünders als „Schicksalsstrahlung“ wirken soll, kompletter Unsinn ist. Sie durchdringt auch schon vor der Geburt wegen ihres Energiereichtums den Leib der Mutter und des Kindes und kommt nicht von denjenigen Sternen, die in der Astrologie von Bedeutung sind.

Aus: Prokop/Wimmer, Der moderne Okkultismus

9 Umfrage zum Thema „Aberglaube"

Bundesgebiet mit West-Berlin – Bevölkerung ab 16 Jahre

FRAGE: „Auch wenn Sie selbst nicht abergläubisch sind – wenn Sie sich diese Liste einmal durchlesen: bei was davon glauben Sie, daß es vielleicht eine Bedeutung haben könnte, worauf geben Sie selbst auch immer acht?" (Vorlage einer Liste)

	ALTERSGRUPPEN							
	16–29 Jahre		30–44 Jahre		45–59 Jahre		60 Jahre und älter	
	1976 %	1990 %	1976 %	1990 %	1976 %	1990 %	1976 %	1990 %
Vierblättriges Kleeblatt	25	43	26	35	26	37	34	38
Schornsteinfeger	17	27	22	22	26	27	27	30
Sternschnuppen	20	30	21	24	19	23	24	21
Die Zahl 13	22	27	20	22	23	22	23	23
Schwarze Katze links über den Weg	15	19	20	19	23	24	21	24
Ein Hufeisen finden	8	17	11	15	15	18	20	19
Wenn der Kuckuck ruft, die Geldbörse schütteln	7	6	11	10	13	14	19	18
Spinne am Morgen	9	4	12	10	15	14	17	15
Schwalbennester am Haus	6	4	9	9	9	10	20	15
Der Freitag	8	7	11	9	7	10	10	10
Wenn das Käuzchen ruft, gibt es Unglück	7	4	7	5	9	9	14	15
Schäfchen zur Linken	5	4	7	4	10	8	9	10
Die Zahl 7	4	6	4	5	3	7	5	8
Wenn die Uhr stehenbleibt	5	5	5	5	8	6	11	10
Kein Messer mit der Schneide nach oben legen, denn das gibt Streit	1	2	4	4	6	8	8	11
Salz borgen bringt Unglück	4	2	4	3	5	5	11	11
Wenn man stolpert, wieder zurücklaufen	4	3	5	3	7	6	9	7
Wenn die Tür von selbst aufgeht	3	4	2	2	2	3	6	6
Wenn es der Braut auf den Schleier regnet	x	3	4	3	3	5	6	7
Einen Buckligen berühren	1	1	1	1	1	2	2	2
Nichts davon	42	31	43	36	42	36	36	33

Quelle: Allensbacher Archiv, IfD-Umfrage 3035, 5031

10 Das spiritistische Erlebnis der I. M.

I. M. erzählt in ihrer Lebensbeschreibung vom Kontakt mit einem Medium. Über eine Freundin hatte sie die Adresse eines Zirkels erhalten, in dem das Medium, ein Amerikaner, auftrat. Zunächst erlebt sie eine Sitzung, in der es um allgemeine Fragen geht:
„Das Medium, ein sympathischer Mann mittleren Alters, fiel in Trance und wandte sich, mit deutlich veränderter Stimme, sogleich an den kleinen Kreis der Sitzungsteilnehmer. Es ging um allgemeine menschliche Probleme und im besonderen um die Begrenztheit unserer Wahrnehmung und somit unseres Bewußtseins. Diese von uns selbst aufgrund eingefahrener Denkgewohnheiten akzeptierte Begrenzung unserer Fähigkeiten würde uns hindern, höhere Wirklichkeiten zu erkennen, zu denen wir über die Psyche Zugang hätten. Manche Aussagen waren in ihrer Simplizität und ihrer möglichen Gültigkeit geradezu verblüffend. Ich konnte verstehen, warum meine Freundin so begeistert war."
Dann vereinbart sie eine Privatsitzung mit dem Medium. Sie berichtet:
„Das Medium fiel sofort in tiefe Trance. Ich hatte meinen Kassettenrecorder mitgebracht und schaltete ihn an. Nach einigen unverbindlichen Worten des Mediums hatte ich auf einmal den Eindruck, direkt über meinem Kopf eine völlig andere Stimme zu vernehmen, die voller Liebe und Güte zu mir sagte: ‚Wir freuen uns, mit dir Kontakt aufzunehmen, und finden es gut, daß dies mit Hilfe eines Mediums, das für uns als ‚Kanal' dient, möglich ist. Wir, die ‚Hüter des Lichts', beobachten dich seit deiner Geburt und freuen uns über deinen spirituellen Fortschritt. Wir beglückwünschen dich zu deinen Interessen. Mach nur weiter so! Nun kannst du persönliche Fragen stellen.'
Ich saß da wie ein kleines Mädchen, das eben vom lieben Gott persönlich angesprochen worden war. Mein Herz klopfte. Nach einer Atempause stellte ich Fragen, sehr persönliche. Die Antworten fielen so aus, als wäre mein Unterbewußtsein angezapft worden: sie setzten die Kenntnis meiner persönlichen Erlebnisse und Anliegen voraus, von denen außer mir wirklich niemand wissen konnte. Es war unglaublich."

Aus: Wolfram Janzen, Okkultismus

11 Der Okkultismus und seine Folgen – einige Beispiele

Beispiel 1:
In einer Stadt in Franken treffen sich Schülerinnen und Schüler zum „Glasrücken". Wahrscheinlich wurden sie durch einen Bericht in „Bravo" dazu angeregt. Manche machen wohl eher aus Neugier und Sensationslust mit. Andere wollen wissen, ob ihr Mitschüler, der mit dem Moped tödlich verunglückt ist, lebt. Ein Schüler fragt die „Geister" auch, ob er den Abschluß schaffen werde. Antwort: Ja. Eine 16jährige will wissen, wann sie sterben werde. Antwort: Mit 17. Danach lebt sie wochenlang in ständiger Angst

und fühlt sich erst wieder davon frei, nachdem sie ihren 18. Geburtstag gesund begangen hat.

Beispiel 2:
„Kontakt mit lieben Verstorbenen durch Meditation“ hat das Inserat einer Münchener Zeitung versprochen. Ein Mann, 45 Jahre und gläubiger Katholik, der vor kurzem seine Frau verloren hat, führt ein Vorgespräch und faßt Vertrauen. Die weise Frau, der er gegenübersitzt, erklärt ihm, wie er der Verstorbenen begegnen könne und daß er nach vier Sitzungen sein Ziel erreicht haben werde. Man einigt sich über den Preis und beginnt mit der Arbeit: Liegen, die Augen schließen, den Atem kommen und gehen lassen. Die ruhige Stimme der Leiterin führt ihn in eine wohltuende Entspannung und leitet ihn an, Farben zu sehen. Nun solle er sich auf die Begegnung mit der Verstorbenen einstellen und fest damit rechnen. Doch noch bleibt das Erlebnis aus. In den folgenden Sitzungen werden die Anweisungen der Leiterin dringlicher. Nach der vierten Sitzung beendet der Witwer den Versuch, enttäuscht, daß ihm seine Frau nicht erschien, aber auch voller Angst, er könne durch weiteres Experimentieren psychisch aus den Fugen geraten.

Beispiel 3:
Gruppen und einzelne, die im Geist der Findhorn-Gemeinschaft ein „Neues Zeitalter“ (New Age) der Harmonie mit sich und der Natur herbeiführen wollen, üben nach dem Vorbild einer der Mitbegründerinnen, Dorothy MacLean, das meditative Hören auf die „innere Stimme und Führung“. Sie wollen sich von den Botschaften leiten lassen, die „eine Art Engel“ ihnen gibt – sei es einer der „kleinen Naturgeister“ (Devas), die als archetypische Muster und „überstrahlende Wesen“ aller Erbsen, Bohnen oder Bäume detaillierte Ratschläge zu deren Anbau geben, sei es ein „Landschaftsengel“, der allgemeinere Anweisungen zum biodynamischen Gartenbau vermittelt und den Zugang zur Energiewelt der Region eröffnet, sei es ein erziehender Engel, der einen dazu ermutigt, sich von erstarrten Lebensformen zu befreien, die „Gottesenergie und Lebenskraft“ wieder fließen zu lassen und sich durch positives Denken in Richtung Freude und Lieben weiterzuentwickeln.

Aus: B. Grom, Spiritismus und Mediumismus

12 Aus einer Umfrage unter 126 Astrologen

Frage:
Zu welchen der folgenden Bereiche kann die Astrologie sinnvolle Aussagen machen?

Partnerschaft	100%
Beruf	98%
Gesundheit	93%
Kindererziehung	84%
Unternehmensberatung	68%
Finanzfragen	60%
Auswahl von Wohnorten	54%
Auswahl von Reisezielen	48%

außerdem zahlreiche weitere breit gestreute Nennungen

Aus: „test“, Zeitschrift der Stiftung Warentest, 8/1987

13 Neil Postman, Wir amüsieren uns zu Tode

In mündlichen und vom Buchdruck geprägten Kulturen gewinnt die Information ihre Wichtigkeit aus den Handlungsmöglichkeiten. Gewiß, in jeder Kommunikationsumwelt übersteigt der Input (das, worüber man informiert wird) den Output (die Handlungschancen, die auf diesen Informationen beruhen). Aber in der Situation, die die Telegraphie erzeugt hat und die durch später entstandene Technologien weiter verschärft wurde, hat sich die Beziehung zwischen Information und Handeln verflüchtigt und ist ungreifbar geworden. Denn zum erstenmal in der Geschichte stehen die Menschen vor dem Problem, daß sie mit Informationen übersättigt sind, und damit gleichzeitig vor dem anderen Problem, daß sich ihre soziale und politische Handlungsfähigkeit verringert hat.
Was das bedeutet, kann man sich klarmachen, indem man die folgenden Fragen beantwortet: Welche Maßnahmen planen Sie zur Eindämmung des Konflikts im Mittleren Osten? Oder zur Senkung der Inflationsrate, der Kriminalitätsrate, der Arbeitslosenquote? Wie sehen Ihre Pläne für den Schutz der Umwelt oder die Verminderung der Gefahr eines Atomkriegs aus? Was planen Sie, im Hinblick auf die NATO, die OPEC, die CIA, die Bemühungen um eine stärkere Integration von ethnischen Minderheiten und Frauen in das öffentliche und wirtschaftliche Leben und die ungeheuerliche Behandlung der Bahais im Iran zu tun? Ich bin so frei und antworte an Ihrer Stelle: Sie planen gar nichts. Vielleicht geben Sie jemandem ihre Stimme, der behauptet, solche Pläne zu haben und sogar die Macht, sie zu verwirklichen. Aber das können Sie nur alle vier Jahre tun, nicht gerade ein befriedigendes Mittel, um die vielfältigen Ansichten zum Ausdruck zu bringen, die Sie vertreten. Man könnte das Wählen sogar die vorletzte Zuflucht der politischen Ohnmacht nennen. Die letzte Zuflucht besteht natürlich darin, die eigene Meinung einem Meinungsforscher zu offenbaren, der sich mit seinen dürren Fragen eine eigene Version von ihr zurechtlegt, sie in einen riesigen Topf, angefüllt mit ähnlichen Meinungen, kippt und schließlich eine neue Meldung daraus macht – was denn sonst? Das ist der große Kreislauf der Ohnmacht: Die Nachrichten entlocken uns eine Vielfalt von Meinungen, mit denen wir nur eines tun können – sie wiederum als Stoff für weitere Nachrichten anbieten, mit denen wir ebenfalls nichts anfangen können.

Aus: Neil Postman, Wir amüsieren uns zu Tode

Begriffserklärungen:
NATO = Nordatlantischer Verteidigungspakt
OPEC = Vereinigung Erdöl exportierender Staaten
CIA = Amerikanischer Geheimdienst

14 Gründe für die Ausbreitung des Okkultismus

1. Rädchenexistenz: Die heutige Gesellschaft bindet den einzelnen immer stärker in Organisationssysteme wie Schule, Betrieb, Behörden, soziale Einrichtungen, ein. Die großen Lebenssicherungssysteme Technik, Wirtschaft und Staat erleichtern zwar mit diesen Einrichtungen dem Menschen in vieler Hinsicht das Leben, nehmen ihn aber dafür auch immer stärker in den Griff. Die Tendenz geht zu einem möglichst reibungslosen und effektiven Funktionieren des Teilelements Mensch hin. Das Leben ist durchrationalisiert. Es bietet wenig Spielraum über das Vorgegebene und Vorfindliche hinaus. Der einzelne ist den übermächtigen Organisationen und den von ihnen vorangetriebenen Entwicklungen weitgehend ohnmächtig ausgesetzt. So fühlen sich viele als bedeutungsloses Rädchen in einer gewaltigen Maschinerie.

Okkulte Erfahrungen und Lehren durchbrechen das Alltägliche und Normale, den festgefahrenen Lebenslauf, die festgefügte eindimensionale Realität. Sie bestätigen die Unverrechenbarkeit und Einmaligkeit des Individuums. Sie eröffnen weite Perspektiven. Magische Handlungen scheinen Macht zu verleihen und Eingriffsmöglichkeiten zu bieten, wo der einzelne sonst seine Ohnmacht empfindet. In dieser Hinsicht ist die heutige Okkultbewegung als eine Art von Kompensation (Ersatz) und Protest zu sehen.

2. Kompliziertheit des Lebens: Der Lebensvollzug in der Gegenwart ist in viele unterschiedliche Rollen aufgesplittert. Das Leben ist in wenig miteinander verbundene Bereiche aufgeteilt (z. B. Arbeit, Freizeit, Familie). Die Anforderungen und Ansprüche sind hoch. So ist das Leben in der heutigen Welt unübersichtlich und kompliziert. Viele empfinden es als Überforderung. Es entsteht die Sehnsucht nach „Ganzheitlichkeit", nach „Alternativen", nach einfachen Erklärungen und Orientierungsmöglichkeiten. Die Okkultlehren bieten dies an.

3. Anonymität: Die Zerstörung traditioneller Lebens- und Sozialformen haben viele isoliert und einsam gemacht. Es fehlen ihnen Partner, die trösten und raten können.

In okkulten Gruppen ist der einzelne nicht mehr allein. Er wird dort ernst und wichtig genommen. Die jenseitigen Wesen bieten Rat, Begleitung und Zuwendung in allen Lebenslagen an.

4. Risikogesellschaft: Die durch Technik, Rüstung und Staat gesicherte Lebenswelt erweist sich zunehmend als störanfällig, ja in ihrer gesamten Existenz als bedroht. Der einzelne und die Gesellschaft ist vielfachen Risiken ausgesetzt, die durch die modernen Sicherungssysteme erzeugt werden. Dies ruft Ängste und Unsicherheiten hervor. Eine der Bewältigungsstrategien ist der Griff nach Sicherungssystemen metaphysischer Art. Die okkulten und esoterischen Weltentwürfe bieten dem bedrohten und zerbrechlichen Ich eine Geborgenheit in jenseitigen Welten an, die es in der Realität, die vor Augen liegt, kaum noch hat.

5. Sinndefizite: Auf der einen Seite verlieren Technik, Wissenschaft, Wirtschaft und Staat ihre Plausibilität (Glaubwürdigkeit, einsehbare Begründung) als Lebenssicherungs- und Sinngaranten. Der Glaube an technischen, wissenschaftlichen und wirtschaftlichen Fortschritt, das Vertrauen in die staatliche Fürsorge bröckeln zusehends ab. Dies ruft die Suche nach „postmodernen" Sinnangeboten, „postmateriellen" Werten hervor und verstärkt die Wendung nach innen, den Griff nach Esoterik und Okkultismus. Auf der anderen Seite hat auch die traditionelle Sinnstiftungsagentur, das kirchliche Christentum, seine allgemeine Plausibilität verloren. In diesen „Hohlraum" strömen andere Angebote religiösen Charakters ein.

Aus: Wolfram Janzen, Okkultismus

15 Die Haltung des Abergläubischen

1. Unter Glauben verstehen wir, im weitesten Sinn, die Hingabe an eine höhere, überweltliche Macht und das Unterstellen des eigenen Lebens und Glücksverlangens unter diese Macht. Biblisch und mit Luther gesprochen: „Wir sollen Gott über alle Dinge fürchten, lieben und ihm vertrauen."
   Der abergläubische Mensch dagegen will sich dieser höheren Macht bemächtigen. Durch bestimmte Erkenntnisse oder Handlungen überlistet er gleichsam Schicksal und Zukunft und macht sich selbst zum Herrn seines Lebens. Aberglaube ist immer ein Mangel an Gottesfurcht und Gottvertrauen.
2. Die Haltung des Glaubens schließt in sich die Einordnung in die Gemeinschaft der Mitmenschen, darum auch Verzicht und Opfer, wo es das Wohlergehen des Mitmenschen fordert. „Liebe deinen Nächsten wie dich selbst!"
   Der abergläubische Mensch will zuerst sein eigenes Glück, seine eigene Sicherheit; er will vor allen Dingen seine Wünsche und Triebe befriedigen, und die geheimen Kräfte und Künste geben ihm die Möglichkeit dazu (...). Angst, Gier und Glücksverlangen sind oft so stark, daß alle sozialen und sittlichen Bindungen, alle vernünftigen Überlegungen einfach dahinschmelzen.
3. Gewöhnlich verbindet sich mit den beiden ersten Merkmalen noch ein drittes. Es betrifft das Verhältnis zur wissenschaftlichen Forschung und Welterfassung.
   Echter Glaube und echte Wissenschaft, die sich beide ihrer Grenzen bewußt sind, können nie miteinander in Konflikt kommen. Denn der Bereich der Wissenschaft ist das Erforschbare, Gott und das Göttliche können niemals ein Gegenstand der Wissenschaft werden, sonst wären sie ein Stück erforschbare Welt. Ein wissenschaftlich bewiesener Gott wäre gerade nicht mehr der Gott, den der Glaube meint. Ein Weltraumfahrer wird auch in den weitesten Fernen Gott nie leibhaftig antreffen.
   Glaube ist eine persönliche Sinngebung. Er erkennt alle natürlichen Gesetze und Zusammenhänge durchaus an und stellt doch alles in einen höheren, für die Sinne nicht mehr greifbaren Zusammenhang, (...) nämlich unter die Lenkung des allmächtigen und barmherzigen Vatergottes. (...) Kennzeichen des Aberglaubens ist es, (...) sich nicht durch klare Beweise des Denkens beeindrucken zu lassen. (...) Aberglaube bedeutet immer ein gebrochenes Verhältnis zur Wissenschaft.

Aus: Paul Bauer, Horoskop und Talisman

Vergleich zweier Glaubensbekenntnisse

16 Apostolisches Glaubensbekenntnis – modernes Glaubensbekenntnis

Ich glaube an Gott,
den Vater, den Allmächtigen,
den Schöpfer des Himmels und der Erde,

und an Jesus Christus,
seinen eingeborenen Sohn, unsern Herrn,
empfangen durch den Heiligen Geist,
geboren von der Jungfrau Maria,
gelitten unter Pontius Pilatus,
gekreuzigt, gestorben und begraben,
hinabgestiegen in das Reich des Todes,
am dritten Tage auferstanden von den Toten,
aufgefahren in den Himmel;
er sitzt zur Rechten Gottes, des allmächtigen Vaters;
von dort wird er kommen,
zu richten die Lebenden und die Toten.

Ich glaubc an den Heiligen Geist,
die heilige katholische Kirche,
Gemeinschaft der Heiligen,
Vergebung der Sünden,
Auferstehung der Toten
und das ewige Leben.
Amen.

Wir haben den Sinn unseres Lebens in Jesus Christus gefunden. Wir glauben an ihn.
Durch sein Leben eröffnet er uns einen neuen Weg durch die Welt.
Durch seine Lehre ermutigt er uns, Gott Vater zu nennen.
Durch seinen Tod am Kreuz befreit er uns von Angst und Schuld.

Durch seine Auferstehung gewinnt er für uns ein unzerstörbares Leben.
Durch seinen Heiligen Geist führt er uns in die neue Gemeinde, die sich Kirche nennt.
Wir hoffen im Reiche Gottes auf eine bessere Welt, in der Gerechtigkeit, Friede und Freude herrschen.
Wir wollen immer wieder selbstlos den Nächsten lieben und wir erwarten das ewige Leben in dem Gott, der die Liebe ist.

Aus: Roman Bleistein, Die jungen Christen und die alte Kirche

17 Bilder von Gott in anderen Religionen

a) Kanaäische Religion:

Gott Baal („Der Herr“)

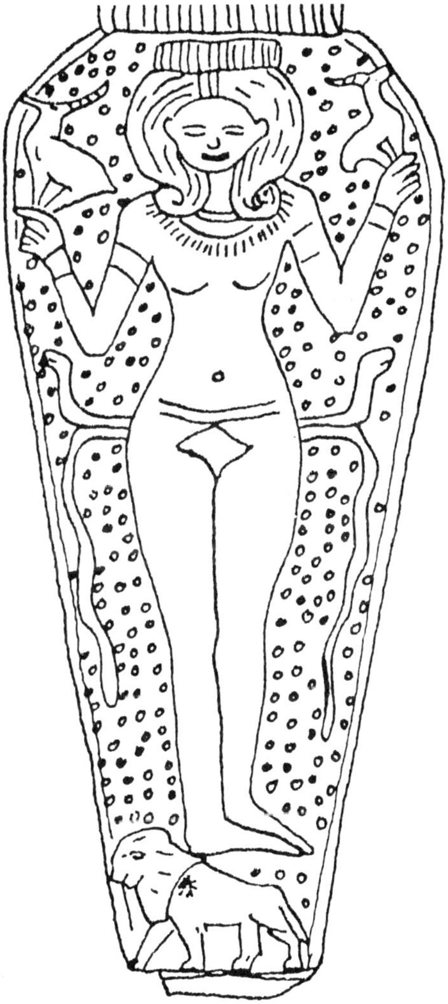

Göttin Qadschu
(Fruchtbarkeitsgöttin)

b) Der Hinduismus:

Gott Shiva im Flammenkreis

Gott Vishnu, auf einem Schlangendämon tanzend

c) Der Islam (aus dem Koran):

Sure 1 Die Öffnende

[1]Im Namen des barmherzigen und gütigen
Gottes. [2]Lob sei Gott, dem Herrn der
Menschen in aller Welt, [3]dem Barmherzi-
gen und Gütigen, der am Tag des Gerichts
regiert! [5]Dir dienen wir, und dich bitten
wir um Hilfe. [6]Führe uns den geraden
Weg, [7]den Weg derer, denen du Gnade er-
wiesen hast, und die nicht dem Zorn
(Gottes) verfallen sind und nicht irrege-
hen!

Sure 2

Gott (ist einer allein). Es gibt keinen Gott außer ihm. (Er ist) der Lebendige und Beständige. Ihn überkommt weder Ermüdung noch Schlaf. Ihm gehört (alles), was im Himmel und auf Erden ist. Wer (unter den himmlischen Wesen) könnte – außer mit seiner Erlaubnis – (am jüngsten Tag) bei ihm Fürsprache einlegen? Er weiß, was vor und was hinter ihnen liegt. Sie aber wissen nichts davon – außer was er will. Sein Thron reicht weit über Himmel und Erde. Und es fällt ihm nicht schwer, sie (vor Schaden) zu bewahren. Er ist der Erhabene und Gewaltige.

Zitiert nach: W. Trutwin (Hrsg.), Theologisches Forum 8, Weltreligionen

Gott, Schöpfer Himmels und der Erde

18 Kann man das Sein Gottes beweisen?

Als ich für das Raumfahrtprogramm ausgewählt wurde, war eines der ersten Dinge, die man mir gab, ein kleines Buch, das eine Menge Wissenswertes über den Weltraum enthielt. Besonders großen Eindruck machten zwei Abschnitte auf mich, die von der Unermeßlichkeit des Alls handelten (...)

(...) die Ordnung, die allenthalben im Universum herrscht, – vom kleinsten atomaren Gebilde bis zu den gewaltigen Sternensystemen (...) sollte sich das alles durch Zufall ergeben haben? Hat da nur irgendwelches kosmisches Treibgut plötzlich von selbst geordnete Bahnen eingeschlagen? Ich kann es nicht glauben. Dem allen liegt deutlich ein Plan zugrunde. Und das ist eines der großen Dinge dort draußen im Weltraum, die mir beweisen, daß es einen Gott gibt. Es muß eine Macht da sein, die den Gestirnen ihre Bahn angewiesen hat und dafür sorgt, daß sie sie auch einhalten.

Aus: John Glenn, Zufall oder mehr?

19 Der Schöpfer als Weltenmesser

Österreichische Nationalbibliothek, Wien

20 Zeitungsberichte zum Thema „Gewalt"

Vier Jahre tot in der Wohnung

Erschütterndes Beispiel für Vereinsamung des Menschen in der Großstadt

Hamburg (dpa). Fast vier Jahre lang lag die Leiche der 1915 geborenen Margot Franck unbemerkt in einer Mietwohnung im Hamburger Stadtteil Duisburg. Das erschütternde Beispiel für die Vereinsamung eines Menschen in der Großstadt stellte die Polizei, die sich am Wochenende als bisher erste Behörde mit dem Fall beschäftigte, auch am Sonntag noch vor ein Rätsel: „Wir wissen, daß es passiert ist, wir wissen nicht, wie so etwas passieren konnte", erklärte ein Sprecher auf Anfrage.

Die mumifizierte Leiche der Frau war am Freitag eher durch einen Zufall entdeckt worden. Einem 45jährigen Mann, der Margot Franck für eine Verwandte aus der DDR, die sie von früher her kannte, zum Kaffeetrinken einladen wollte, fielen der überquellende Briefkasten sowie eine an die Wohnungstür geheftete alte Ablesekarte der Hamburgischen Elektrizitätswerke auf. Er alarmierte die Polizei, die die Wohnungstür schließlich von einem Schlosser öffnen ließ. Im Flur fanden die Beamten die mumifizierte Leiche der Frau.

Nach den ersten Ermittlungen hat sich Margot Franck vermutlich in der Nacht zum 14. Januar 1977 mit Tabletten das Leben genommen. An diesem Abend waren ein Notarzt und die Polizei bei ihr – die genauen Gründe für diesen Einsatz waren bisher nicht zu rekonstruieren. Die in Hamburg geborene Jüdin war bis zum Kriegsende den Schrecken des Konzentrationslagers ausgeliefert und litt seitdem unter Verfolgungsangst.

In dem Wohnblock Tondernstraße des stadteigenen Wohnungsbauunternehmens SAGA in Duisburg leben insgesamt 72 Mietparteien. Nach den ersten Ermittlungen der Polizei sollen die unmittelbaren Nachbarn geglaubt haben, Margot Franck befände sich in einer psychiatrischen Klinik. Die Miete für ihre Wohnung wurde – wie die Grundgebühren für Wasser und Strom – vermutlich vom laufenden Rentenkonto der Frau abgebucht.

Aus: Schwäbisches Tagblatt vom 24. 11. 1980

Kolumbien – Überfall auf Embera-Dorf

Am 24. März 1987 drangen 40 Soldaten im Morgengrauen in die indianische Gemeinde Chuigo ein. Sie schlugen auf Frauen, Kinder und Greise ein und töteten dabei zwei Kinder (Ernesto Tequia, vier Jahre, und Jaime Batiquin, sieben Jahre). Gemeindeläden wurden ausgeraubt und 55000 Pesos gestohlen, Häuser und Felder in Brand gesetzt, Schweine und Hühner abgeschlachtet.

Als die Soldaten wieder abzogen, entführten sie neun der Einwohner sowie zwei Personen aus einer Nachbargemeinde. Am 27. März fehlte von den Entführten noch jede Spur. Die OREWA (Organisation der Indianer des Departements Chocó) fordert in diesem Zusammenhang:

- Sofortige Untersuchung der Vorfälle durch eine Regierungskommission
- umgehende Entmilitarisierung des Indianergebietes
- Respektierung des Lebens der Festgenommenen sowie aller Gemeindemitglieder
- Bestrafung der Mörder der indianischen Kinder
- Schadensersatz für die Verluste der Gemeinde.

Thomas Mayr

Quelle: OREWA-Brief vom 27. 3. 87

Der Völkermord an den Armeniern in der Türkei 1915

Die Armenier wurden als Christen verdächtigt, mit Rußland zusammenzuarbeiten, gegen das die Türkei Krieg führte. Sie wurden deshalb vertrieben oder umgebracht.

Der deutsche Konsul Holstein berichtet am 10. 6. 1915 aus Mosul (heute im Irak): „614 aus Diarbekr hierher verbannte armenische Männer, Frauen und Kinder sind auf der Floßreise sämtlich abgeschlachtet worden; die Flöße sind gestern leer hier angekommen; seit einige Tagen treiben Leichen und menschliche Glieder im Fluß vorbei ...“

Ein amerikanischer Konsul berichtet aus Trapezunt (Schwarzmeerküste): „Am Dienstag, dem 6. Juli (1915), waren alle armenischen Häuser in Trapezunt, etwa 1000, geleert und ihre Bewohner deportiert worden. Es wurde nicht festgestellt, ob jemand der Teilnahme an irgendeiner gegen die Regierung gerichteten Bewegung schuldig war. Wenn jemand Armenier war, so genügte das, um als Verbrecher behandelt zu werden.“

Der deutsche Diplomat Ingenieur Bünter berichtet: „Aleppo, den 11. Mai 1917. Ich bin in der Zeit vom 1. bis 6. April zusammen mit Herrn Hauptmann Loeschebrandt und Herrn Unteroffizier Langenegger von Buseir am Euphrat den Chabur hinaufgegangen und fand am linken Ufer große Mengen von ausgebleichten Menschenschädeln und Gerippen, zum Teil waren die Schädel mit Schußlöchern. An einigen Stellen fanden wir Scheiterhaufen, ebenfalls mit menschlichen Knochen und Schädeln. Gegenüber der Kischka Scheddade waren die großen Anhäufungen. Die Bevölkerung sprach von 12000 Armeniern, die hier allein niedergemetzelt, erschossen oder ertränkt worden seien.

Todesbilanz des Volksgruppenkonflikts in Sri Lanka: Über 2000 Tamilen jährlich getötet

Wie der Sekretär des Bürger-Koordinationskomitees bekanntgab, töteten Angehörige der lankaischen „Sicherheitskräfte“ (Armee und Polizei) im Zeitraum 1981 bis 1986 14705 Tamilen. Die Bilanz des Grauens liest sich, nach Jahren aufgeschlüsselt, folgendermaßen:

1981	846 Tote
1982	1380 Tote
1983	3678 Tote
1984	3301 Tote
1985	2695 Tote
1986	2805 Tote

Hinzuzurechnen sind noch jene Tamilen, die 1985 und 1986 starben, weil den Krankenhäusern in den Tamilengebieten Sauerstoff fehlte: 400 Tote. Im selben Zeitraum starben 112 weitere Tamilen an Schock infolge grauenhafter Erlebnisse bei Massakern. Auf das Problem der „Verschwundenen“, d.h. der von der Armee verschleppten und meistens getöteten Tamilen, machte 1986 bereits „Amnesty international“ aufmerksam. Das Bürgerkomitee von Batticaloa teilte jetzt mit, daß allein in den Bezirken der Ostprovinz Batticaloa und Amparai der Ostprovinz seit April 1986 632 Tamilen als vermißt gelten, nachdem sie verhaftet worden waren. *Tessa Hofmann*

Quelle: „Saturday Review“, Jaffna, 17. 1. 1987

Bundesrepublik, bei minus 20 Grad

München im Winter. Schneemassen türmen sich auf den Straßen, dick vermummt kämpfen sich die Passanten durch die klirrende Kälte. Die Teestube der Inneren Mission in der Zenettistraße ist überfüllt: Wohnungslose beiderlei Geschlechts, jung und alt, abgewrackte Erscheinungen, die apathisch dahindösen, und unverzagte Außenseiter, die lebhaft mit ihren Schicksalsgefährten plaudern. „Weltstadt mit Herz?“, flucht einer mit struppigen Haaren und funkelnden Augen, „da solln’s amoi uns oschaun. Häuser solln’s halt baun.“

Es ist kurz vor 21.00 Uhr. Die Temperatur ist auf minus 22 Grad gesunken. In wenigen Minuten muß die Teestube geschlossen werden. Wer jetzt noch kein Bett gefunden hat, dem bleibt nur die Straße. Vielleicht sind es 500 Menschen, die in der Nacht von Dienstag auf Mittwoch vergangener Woche unter Kotzen, verschlissenen Mänteln und Zeitungspapier verkrochen, der eisigen Kälte trotzen. Unterschlupf finden sie in Geschäftsgängen, in Parks, Friedhöfen oder den „sehr guten Schlafnischen“ beim Haus der Deutschen Kunst; einer nächtigt sogar im würgenden Gestank eines ungeheizten, öffentlichen Pissoirs.

Die Asyle sind bis auf den letzten Platz belegt; das Katholische Männerheim (150 Betten) muß 46 „Nichtseßhafte“, wie das im Jargon der Sozialbehörde heißt, abweisen. Auch in billigen Absteigen (offiziell: „Pensionen“) finden sie keine Unterkunft; das Münchener Sozialamt weigert sich, die Kosten (etwa 25 Mark pro Nacht) zu tragen. Etwa 60 Prozent der Nichtseßhaften“ in München (Dunkelziffer zwischen 3000 und 5000), schätzt Johannes Denninger, Leiter der Teestube in der Zenettistraße, müßten bei beißendem Frost die Nacht auf der Straße verbringen: „Wo sollen denn die Leute hin? Aber man kann sie doch nicht erfrieren lassen!“

Vergangene Woche erfror ein 34jähriger Stadtstreicher unter der Brücke in München-Pasing.

Aus: Die ZEIT Nr. 5, 23. 1. 1987

21 Matthias Grünewald, Kreuzigung

Aus: Georg Scheja, Der Isenheimer Altar

Gibt es etwas, das den Kreuzestod Jesu für uns Christen unterscheidet von den vielen anderen Folterungen, Kreuzigungen und Hinrichtungen Unschuldiger?
Die Antwort ist kurz, die Frage wird nur sein, was sie bedeutet:
In Jesus ist Gott gegenwärtig. Deshalb ist mit ihm Gott selbst ans Kreuz geschlagen.
Erste Folgerung daraus: Gott steht auf der Seite Jesu, und damit auf der aller Leidenden, Unterdrückten und Bedrohten; er selbst ist in ihnen gegenwärtig. (Ausdrücklich gesagt ist das z. B. in Mt. 25,40: Was ihr für einen meiner geringsten Brüder getan habt, das habt ihr mir getan.)
Wo Macht und Liebe auseinanderklaffen, da ist Gott nicht bei der Macht zu suchen, sondern bei der Liebe. Nicht die Großen und Mächtigen können sich auf Gott berufen, sondern die Ohnmächtigen und Unbedeutenden.
Zweite Folgerung daraus: Im Bericht vom Tod Jesu am Kreuz wird äußerste Kritik an einer Welt geübt, in der so etwas möglich ist. Daß Gott in Jesus gegenwärtig ist, setzt die Menschen, die ihn hinrichten, und die Verhältnisse, die zu seiner Hinrichtung führen, ins Unrecht. Die Welt ist böse, sofern die Menschen Opfer irgendeines Unrechts, irgendeiner Gewalt sind.
Notwendige Weiterführung dieser Gedanken: Daß Gott sich gleichsetzt mit den Ohnmächtigen und dadurch die rücksichtslose Ausübung von Macht kritisiert, bedeutet mehr als nur einen unverbindlichen Trost, der für die Beteiligten folgenlos bleibt.
Die Botschaft der ersten Christen läßt sich auf die Sätze reduzieren: Jesus wurde ans Kreuz geschlagen, weil er eingetreten ist für alle, die leiden. Ihn hat Gott auferweckt. – Die Botschaft von der Auferwekkung bedeutet: Leid und Tod haben nicht das letzte Wort behalten und werden es nie behalten. Im Vertrauen auf diesen Beistand Gottes in der äußersten Not können wir hier und jetzt damit beginnen, sie zu überwinden.
Absicherung gegen ein Mißverständnis: Eine immer wieder begegnende Fehldeutung der Botschaft von Kreuz und Auferstehung lautet: Weil Gott erst jenseits des Todes dessen Herrschaft beendet (in der Auferweckung nämlich), könnten wir dem Leid im Diesseits ruhig freien Lauf lassen.
Wenn wir uns vergegenwärtigen, daß in den *lebenden* „geringsten Brüdern" Jesu (den Hungrigen, den Durstigen, den Fremden, den Unbekleideten, den Kranken, den Gefangenen) dieser und damit Gott selbst gegenwärtig ist, ist dieses Mißverständnis schon widerlegt. Ob wir diesen geringsten Brüdern geholfen haben, wird ja nach Mt. 25 zum Grund des Urteils über uns.
Daß Gott Jesus auferweckt hat, bedeutet also nicht, daß sich die Menschen um nichts mehr zu kümmern bräuchten. Vielmehr wird für den äußersten – leider gar nicht seltenen – Fall, daß menschliche Hilfe nichts mehr auszurichten vermag, Gottes Eintreten für die Opfer versprochen.

Mit einigen Ergänzungen formuliert im Anschluß an: Hermann Häring, Das Problem des Bösen in der Theologie

23 Augenzeugenbericht aus einem Konzentrationslager

Die SS erhängte zwei jüdische Männer und einen Jungen vor der versammelten Lagermannschaft. Die Männer starben rasch, der Todeskampf des Jungen dauerte eine halbe Stunde. „Wo ist Gott? Wo ist er?“ fragte einer hinter mir. Als nach langer Zeit der Junge sich immer noch am Strick quälte, hörte ich den Mann wieder rufen: „Wo ist Gott jetzt?“ Und ich hörte eine Stimme in mir antworten: „Wo ist Er? Hier ist Er ... Er hängt dort am Galgen ...“

Zitiert nach: Dorothee Sölle, Leiden

Die Freiheit der Christen – die Gebundenheit der Abergläubischen

24 Ein Tag im Leben eines Abergläubischen

Der Morgen fängt gut an: Er hat den Wecker überhört und verschlafen! Jetzt aber schnell raus! O Gott! Aus Versehen auf dem linken Bein gelandet! Der Versuch, dies kurz vor der Landung noch zu ändern, bringt nur den Bettvorleger ins Schleudern und verursacht eine schmerzvolle Begegnung mit dem Boden.
Schnell zum Zähneputzen! Bevor er die Bürste ansetzt, fällt ihm ein: Hat er nicht gestern im „Lebensberater für alle, die ihr Schicksal beherrschen wollen“ gelesen, daß man zuerst die rechte Zahnseite putzen muß? Richtig! Gut, daß ihm das noch eingefallen ist! Die Freude darüber erfüllt unseren Freund so, daß er Kämmen und Rasieren ganz vergißt. (Das fiel erst eine Stunde später den Kollegen im Büro auf.)
Beim übereilten Frühstück ist er in Gedanken noch ganz beim „Lebensberater“. Kein Wunder, daß ihm sein weichgekochtes Ei herunterfällt. Außer dem Schaden an Hose und Tischdecke erfüllt ihn eine Erkenntnis mit Schrecken: Jetzt ist es am falschen Ende angeschlagen! Durch den neuen Schicksalsschlag abgelenkt, verschluckt er sich beim dritten Bissen. Folge: ein entsetzlicher Hustenanfall. (Da hatte er doch schon wieder vergessen, dreimal mit dem Löffel aufs Tischholz zu klopfen!) Noch so ein Fehler, und es ist besser, gleich zu Hause und im Bett zu bleiben. Schon halb verzweifelt, ruft er sich ins Gedächtnis zurück, worauf er beim Weg aus dem Haus achten muß: (Vielleicht hätte er besser an die Reinigung seiner Garderobe gedacht.)

Horst Gorbauch

25 Eine jüdisch-christliche Sekte zur Zeit der ältesten Christen

Die ersten Christen hatten sich im Osten des Römischen Reiches mit sehr vielen verschiedenartigen anderen Religionen auseinanderzusetzen. Eine von ihnen kennen wir deshalb etwas näher, weil ihre Anhänger sich in von Paulus gegründeten Gemeinden festzusetzen versuchten. Die Kritik an ihnen ist im Brief des Paulus an die Galater erhalten.

Wir erfahren über diese Religion folgendes: Wer das Heil erlangen will, muß sich beschneiden lassen. Darüber hinaus muß er auf bestimmte Zeiten achten (Festzeiten oder auch Unglückstage oder -monate, Genaues sagt Paulus darüber nicht). Jedenfalls war es sehr wichtig, diese Zeiten richtig einzuhalten. Paulus schreibt, man achte „ängstlich" darauf.

Diese Menschen glaubten, ihr Leben sei dem Einfluß verschiedener höherer Mächte unterworfen. Vielleicht waren das Engel, die jeweils über andere Bereiche der Welt herrschten (mit bestimmten Sternen verbunden?). Jedenfalls sind sie von Gott selbst unterschieden und verlangen eigene Verehrung. Wahrscheinlich bestand diese in Gebeten und Opfern, um sie günstig zu stimmen und um in dem Bereich, in dem sie herrschten, erfolgreich handeln zu können.

Wenig Genaues weiß man über die Ethik der Sekte. Einerseits scheinen ihre Vertreter sich streng ans jüdische Gesetz gehalten zu haben; andererseits läßt ein Hinweis des Paulus den Schluß zu, daß sie nur Teile des Gesetzes für gültig gehalten haben könnten.

Welche Rolle Jesus selbst für sie spielte, wird aus dem Brief nicht deutlich: War er in die Engelmächte eingeordnet (wir kennen aus späterer Zeit griechische Philosophen, die solche Reihen von Geistwesen unter Gott, jeweils mit abnehmender Macht, annahmen)? War er der Mittler zwischen irdischer und himmlischer Welt?

Es scheint sich also um eine jüdische Sekte zu handeln, die von philosophischen und religiösen Gedanken ihrer Umwelt beeindruckt war. Da Paulus nicht diese Gruppe beschreiben will, sondern sie nur kritisiert, läßt sich über sie nur wenig Sicheres sagen. Vieles ist aus der Gedankenwelt ähnlicher Gruppen erschlossen.

Horst Gorbauch

26 Aberglaube im Christentum?

Das Grüne Skapulier vom Unbefleckten Herzen Mariens

Viele Menschen werden mit dem Leben nicht fertig. Sie verzweifeln an sich selbst und an ihrer Umgebung, an der Kirche, der Welt und an Gott. Die vielen Selbstmorde sind ein sprechendes Beispiel dafür. Das Leben stellt an jeden einzelnen hohe Anforderungen; mancher ist ihnen nicht gewachsen.

Das gilt besonders für solche, die irgendwie vereinsamt sind, ohne Gefährten und Bundesgenossen, ohne Verständnis und Hilfe eines anderen. Es hat schon seine Berechtigung, das bekannte Sprichwort: „Wehe dem, der allein ist!"

Das wußten auch die alten Römer und deshalb entwickelten sie in ihrem Rechtsleben einen interessanten Brauch: Schwache, hilflose Menschen übergaben sich dem persönlichen Schutz eines Mächtigen, der sie nun in all ihren Belangen und Anliegen mit seiner ganzen Autorität genau so vertrat wie sich selbst. Als Symbol dafür breitete der Schutzherr seinen eigenen Mantel über den Schwachen aus. Nun konnte kommen, was da wollte, der andere stand unter seinem „Mantelschutz". Dieser Schutzherr wurde „Patron" genannt.

In Anlehnung an diesen tiefsinnigen Brauch singen wir Christen noch heute im religiösen Bereich: „Maria, breit den Mantel aus!" Mit all unseren Anliegen und Sorgen, den leiblichen und geistigen, den zeitlichen und ewigen, stellen wir uns unter ihren Mantelschutz. Eine der beliebtesten Mariendarstellungen in der christlichen Kunst ist denn auch das Bild der Schutzmantelmadonna, die so ihren Mantel um alle Christgläubigen schlingen kann, wie es der starke Römer seinerzeit um einen einzelnen Menschen tat.

Wir dürfen uns wirklich voller Vertrauen in den Schutz Mariens begeben; sie enttäuscht uns nie. Als sichere Bürgschaft dafür hat auch sie uns ein sichtbares Zeichen gegeben, ein Symbol ihres Mantelschutzes. Dieses Zeichen erblicken wir in jedem kirchlich geweihten Skapulier, einem kleinen Stückchen Stoff, das uns Maria durch die Hand unserer Mutter Kirche überreicht als Unterpfand dafür, daß sie ihren mütterlichen Mantel um uns schlingt.

Das bekannteste marianische Skapulier ist das vom Berge Karmel; aber es ist bei weitem nicht das einzige. Denn wiederholt ist Maria bisher heiligen und heiligmäßigen Seelen erschienen und hat sie ausdrücklich zur Verbreitung von Skapulieren beauftragt. So erschien sie am 28. Januar 1840 in Paris der jungen Schwester Justine Bisqueyburu, die der Kongregati-

on der „Töchter der barmherzigen Liebe“ vom hl. Vinzenz von Paul angehörte, und ermächtigte sie zur Verbreitung des sogenannten Grünen Skapuliers vom Unbefleckten Herzen Mariens. Dies sollte besonders die Bekehrung der Ungläubigen und Sünder erwirken und ihnen eine gute Sterbestunde vermitteln. Papst Pius IX. gab dem Grünen Skapulier die kirchliche Gutheißung.

Es ist unmöglich, die große Zahl auffallender Gebetserhörungen anzugeben, die auf den vertrauensvollen Gebrauch des Grünen Skapuliers zurückzuführen sind. Besonders hat es sich – gemäß der Verheißung Mariens – bei der Gewinnung oder Rückgewinnung religiös Abständiger oder Ungläubiger immer wieder bewährt, vor allem auch bezüglich des Empfangs der heiligen Sterbesakramente. Oft wußten die Kranken nichts davon, daß man ihnen ein geweihtes Grünes Skapulier unter das Kopfkissen gelegt oder irgendwie in ihrer Kleidung befestigt hatte. Stets aber waren solche barmherzigen Taten der Angehörigen von sichtbarem Segen begleitet.

Das Grüne Skapulier ist für alle da. Jeder kann es gebrauchen, der sich selbst oder einen anderen – auch ohne dessen Wissen – vertrauensvoll dem Schutze Mariens übergeben möchte; er kann es persönlich bei sich tragen bzw. dem anderen übergeben oder ehrerbietig zu Hause aufbewahren. Er verrichte aber täglich wenigstens einmal mit großem Vertrauen das Stoßgebet.

„Unbeflecktes Herz Mariä,
bitte für uns jetzt
und in der Stunde unseres Todes!
Amen!“

Das Grüne Skapulier muß vor dem Gebrauch kirchlich geweiht sein; diese Weihe jedoch kann jeder beliebige katholische Priester vornehmen.

Bergen wir uns fest unter den Schutzmantel der Gottesmutter, jetzt und in den kommenden Zeiten. Glauben wir daran, daß sie noch viel mehr über uns wacht, als dies der mächtigste Römer je über einen Schutzbefohlenen tun konnte. Das Skapulier ist wirklich kein Amulett mit abergläubischer Zauberkraft, sondern ein Geschenk des mütterlichen Herzens Mariä. Es wirkt kraft des Vertrauens auf sie selbst:

Maria, breit den Mantel aus!
Mach Schirm und Schild für uns daraus!
Laß uns darunter sicher stehn,
Bis alle Stürm vorüber gehn!
Patronin voller Güte, uns allezeit behüte!
– Skapulier ist geweiht –

Deckel einer . . .

„Aspice Christopherum et tutus viam carpe“

Medaillon

Blasiussegen
Der heilige Blasius wurde im deutschen Mittelalter als kräftiger Nothelfer verehrt und angerufen, an seinem Fest (3. Februar) wurde das Blasiuswasser geweiht und wurden ihm Kerzen „geopfert“. Bei Halskrankheiten, für die er wegen eines Wunders in seiner Legende als besonderer Patron gilt, berührte man mit diesen Kerzen den Hals. Daraus wohl entwickelte sich der Brauch des Blasiussegens: Der Priester hält am Blasiustag den Gläubigen zwei gekreuzte (meist sogar brennende) Kerzen vor den Hals und spricht dazu einen eigenen Segen. Bezeugt ist dieser Brauch erst im 17. Jahrhundert; auch die besonderen Weihegebete für die Blasiuskerzen sind nicht älter.

(Zit. nach: R. Berger, Kleines Liturgisches Wörterbuch)

Hexenverfolgung und Hexenglaube I

27 Hexenverfolgung

Berliner und Hamburger Zeitungsmeldungen aus dem Herbst 1728
„Von den zu Szegedin (in Ungarn) (...) verbrannten Hexen hat man folgende Nachricht: Eines Schusters Sohn spielte mit anderen Knaben auf der Gasse und ließ sich verlauten, daß er Wetter machen könne. Das faßte ein anderer Knabe ins Ohr; und da noch am selben Tage ein hartes Wetter kam, welches alle dortigen Weingärten zu Boden schlug, erzählte der eine Knabe seinem Vater, daß des Schusters Sohn gesagt habe, er könne Wetter machen. Dieser Vater zeigte es sofort der Obrigkeit an, woraufhin nicht nur der Knabe, sondern noch viele andere Leute, die er angab, eingezogen wurden. Man fragte sie um ihre Hexerei entsetzlich scharf („scharfe Fragen“ waren Folter-Fragen), wodurch sie bewogen wurden, horrende Sachen zu bekennen, daher das Urteil erging, daß deren dreizehn als sechs Hexenmeister und sieben Hexen verbrannt werden sollten (...) Gegenwärtig sitzen noch achtundzwanzig im Gefängnis (...) – Es wurden drei Scheiterhaufen eine Stunde von der Stadt nächst der Theiß aufgerichtet. In der Mitte eines jeden Haufens stand ein großer Pfahl eingegraben. An diesem Pfahl wurden auf einem jeden Haufen vier Malefikanten mit Stricken angebunden, alsdann eine Weibsperson (...) geköpft und ihr Leichnam auf den mittleren Haufen zu den angebundenen vieren (...) geworfen. Darauf wurden alle drei Haufen zugleich angezündet (...) Und obwohl die Malefikanten eine starke Viertelstunde in den umgebenden Flammen gelebt (...) und ungeachtet, daß sie alle den ihnen zusprechenden Priestern und Geistlichen haben gute Zeichen spüren lassen, wollen doch viele an ihrem glückseligen Ende zweifeln. – Gestern sind abermals zwanzig gefangen worden.“

Aus: Anpassung oder Wagnis. Materialien für den Religionsunterricht

Hexenstechen in England
(Bericht aus Newcastle-on-Tyne)
„Sobald der Hexenschnüffler erschien, schickten die Stadtrichter ihre Ausrufer durch die Straßen, die mit Geschrei und Schellengetöne die Leute aufforderten, daß jeder, der eine Frau als Hexe anklagen wolle, dies bei der dazu ernannten Person tun solle. Dreißig Frauen wurden auf das Rathaus gebracht und nackt ausgezogen. Dann wurden ihnen in aller Öffentlichkeit Nadeln in den Körper getrieben. Die meisten von ihnen wurden für schuldig befunden.“ (Es galt als Schuldnachweis, wenn kein Blut aus dem Körper floß.) Der Hexenschnüffler bekam 20 Schillinge für jede überführte Frau.

Aus: Kurt Seligmann, Das Weltreich der Magie

Hexenverfolgung in Rottenburg am Neckar um 1600
(nach einem Referat von Karl Kempf)
Genaue Angaben über die Anzahl der Opfer lassen sich nicht machen. Eine Untersuchung des Amerikaners H. C. Erik Midelfort erfaßt für die Zeit zwischen 1562 und 1684 150 belegte Hinrichtungen. Die tatsächliche Zahl muß aber weitaus höher gewesen sein. Midelfort hat die Tagebücher eines Tübinger Professors aus dieser Zeit, Martin Crusius, ausgewertet. Er schreibt z. B., der letzte Rottenburger Schultheiß habe in seiner Amtszeit 180 Hexen verbrannt. (Wenn man das hochrechnet, kommt man für einen Zeitraum von gut 30 Jahren auf fast 10% der gesamten Einwohnerschaft – Rottenburg hatte um 1600 etwa 2500 Einwohner.) Höhepunkt der Hexenjagd war 1596 – in diesem Jahr wurden 36 Hexen hingerichtet. Die Hexen wurden zuerst enthauptet und dann verbrannt – eine vergleichsweise humane Form der Hinrichtung. Gefoltert wurde aber in Rottenburg wie überall sonst auch – eine Hexe starb 1596 im Gefängnis, vermutlich infolge der Folterungen. Unter der Folter wurden von den Angeklagten die Namen weiterer angeblicher Hexen erpreßt.
Nur 2% der der Hexerei Beschuldigten waren in Rottenburg Männer. So befürchteten Rottenburgs Ratsherren, es würde, „wenn man so fortführe, bald keine Weiber mehr in Rottenburg geben“.

Nach: H. C. Eric Midelfort, Witch Hunting in South Western Germany

Die **Gesamtzahl der Opfer in ganz Europa** wird nie auch nur annähernd genau zu ermitteln sein. Schätzungen bewegen sich zwischen 200 000 und 9 Millionen.

28 Eine Spukgeschichte aus England

Um das Jahr 1842 lebte in Membury, nahe Axminster, ein wohlhabender Farmer mit Namen Porter mit seiner Frau und seiner Familie. Er besaß viele Schafe, Rinder und Pferde, und sein Anwesen schien zu gedeihen. Er hatte aber einen Bruder, der gern trank ... Nahe dem Farmhaus, auf einem Hügel im Wald lebte eine alte Frau, die Hannah Henley hieß und im Ruf stand, eine Hexe zu sein. Ihre Hütte hatte zwei Räume, die sie peinlich sauber hielt. Gewöhnlich trug sie kurze Röcke mit großen weiten Schürzen und als Kopfbedekkung eine Haube aus Satin. Eine große

Anzahl von Katzen in allen Farben und Größen lebten bei ihr, und sie züchtete auch Kröten. Hannahs Kröten, so erzählten sich die Leute im Dorf, waren riesengroß und spien Gift. Ich stand zu jener Zeit in Mr. Porters Diensten und mag ungefähr elf Jahre alt gewesen sein. Die alte Hannah hatte mich gern, und oft lud sie mich ein, zu ihr hereinzukommen und bei ihr am Feuer zu sitzen; dann gab sie mir Hörnchen und Apfelkuchen. Ihre Hörnchen waren weißer als bei jedem Bäcker in der Umgebung. Ich hatte mich um die Kühe der Farm zu kümmern, und wenn ich sie abends heimtrieb, sah mich die alte Hannah und lud mich oft ein, ein wenig auszuruhen. Ich hatte keine Angst vor ihr. Hannah kam oft zu unserem Haus, um zu betteln. Sie bekam Mais, Brot, Milch, Mehl, Bier und manchmal auch Geld. Lange Zeit gab man ihr alles, was sie verlangte, aber schließlich wurde es zuviel und man schickte sie fort, ohne ihr etwas zu geben. Der leichtsinnige Bruder behandelte sie vor allem großzügig, bis er ihr eines Tages kein Geld mehr geben wollte. Da sagte sie zu ihm: „Du wirst auch nicht mehr lange leben, um selbst noch etwas von dem zu haben, was du mir verweigerst.“ Innerhalb von drei Wochen war er tot. Seitdem war die Frau des Farmers mißtrauisch, und immer wenn Hannah betteln kam, schickte sie sie fort. Doch muß man auch noch sagen, daß sie eigentlich nie um etwas bat, sondern immer forderte. Eines Tages spielte das jungste Kind mit einer Walnuß, und da das Kindermädchen nicht zulassen wollte, daß das Kind Hannah die Nuß gab, bückte sie sich und machte das Zeichen des Kreuzes auf dem Boden und malte einen Kreis darum herum. Dann ging sie. In der Nacht wurde das Kind krank und starb innerhalb von vier Tagen.

Damit aber begannen die Sorgen erst: ständig verdarb die Milch, die Butter wollte nicht geraten, stellte man Brotteig in den Ofen zum Backen, so verlief er. Eines Tages sah die Herrin die alte Hannah kommen, da sprach sie zu mir: „Ich will sie nicht sehen. Geh hin und sag ihr, ich sei nicht daheim.“ Ich richtete aus, was mir aufgetragen war, aber Hannah wußte die Wahrheit und sagte zu mir: „Sag deiner Herrin, daß sie nun nicht aus dem Haus treten kann, selbst wenn sie es wollte.“ Und so geschah es, denn der Farmer rief sie heraus, sie aber konnte sich nicht von der Stelle rühren. Das machte unseren Herrn so zornig, daß er sein Gewehr holte und der alten Hannah hinterdrein lief. Er drohte, sie zu erschießen, aber sie lachte nur und sagte: „Versuch es.“ Er wollte feuern, doch seine Finger waren wie gelähmt. Ein andermal bat sie einen Knecht um etwas Hafer, der verweigerte ihr das Korn, und in der Nacht waren acht unserer Pferde krank. Sie wälzten sich so heftig in ihren Boxen, daß sie erschossen werden mußten. Danach starben uns sieben oder acht Schafe weg. Ein Pferd, das Mr. Porter verkaufen wollte, verlor das Augenlicht, und so ging es weiter. Da beschloß der Herr, nach Chard zu gehen, und dort mit einer weißen Hexe zu reden. Die befahl uns, Hafer in einen großen Kessel mit siedendem Wasser zu werfen und sechs Hammelherzen in der Küche aufzuhängen. Zwei von ihnen wurden mit Nadeln durchstochen und die vier anderen mit ungebrauchten Nägeln. Am Tag darauf kam die alte Hannah und bat, wir möchten doch mit unserem Gegenzauber aufhören. Sie sah sehr elend aus, und die Herrin fühlte schon Mitleid mit ihr, doch der Farmer beriet sich mit der weißen Hexe, und die erklärte uns, daß, ließen wir jetzt mit unserem Zauber nach, ihre Gegnerin nur noch mehr Macht über unser Haus gewinnen werde.

Die weiße Hexe blieb einen ganzen Monat bei uns. Schließlich ließ sie eine Anzahl Nägel in einen Schinken treiben und befahl, das Fleisch von einem Hügel herabzurollen. Das war an einem Donnerstag, und am darauffolgenden Morgen erschien die alte Hannah in unserem Haus. Sie sagte, sie müsse nun sterben und bat um Wein oder Schnaps. Die weiße Hexe wußte nun, daß ihr Sieg nahe war und um vier Uhr in der Nacht lief sie zur Hütte der alten Hannah im Wald. Das war am Karfreitagmorgen. Sie fand das Fenster zerbrochen und hoch auf einem Baum, in ein weißes Laken gehüllt, saß die Hexe, neben ihr aber hing ein schmutziger Kessel. Man ließ sie zur Warnung für alle Menschen, die sich mit Zauber befassen, dort oben sitzen. Später hieb man den Baum um, und als ihr Körper zur Erde fiel, sah man, daß er überall blutige Wunden hatte. Man sagt, sie rührten von einem Kampf mit dem Teufel her, der die Hexe durch das Fenster ihrer Hütte zerren wollte. Nach ihrem Tode wurde eine Truhe neben ihrem Bett geöffnet, und dort fand man Geld in beträchtlicher Menge, Tee, Zukker, Brot und andere Lebensmittel, auf der anderen Seite des Bettes standen mehrere kleine Schachteln, in denen Kröten verschiedener Größe saßen. Von Karfreitag bis zum folgenden Mittwoch kamen viele Leute aus der Umgegend und betrachteten die Leiche, dann wurde sie auf dem Kreuzweg zwischen Membury und Axminster begraben, und später pflegten die Pferde immer zu scheuen, wenn man an dem Grab vorbeiritt. Die weiße Hexe erhielt über hundert Pfund für ihre Arbeit. Später versuchten die Leute, die Katzen der alten Hannah zu töten. Das erwies sich als unmöglich. Da brannte man die Hütte ab und die Katzen verliefen sich.

Aus: M. Federspiel (Hrsg.), Das Gruselkabinett

29 Der Hexenzügel – Eine Spukgeschichte aus Florida

Der alte Braham wohnte in einem Blockhaus nahe des Cheat River, oberhalb von Allbrightville in Preston County. In der einen Ecke des Hauses lag ein altmodischer, offener Kamin, in der gegenüberliegenden Ecke stand sein Bett.
Einmal erwachte der Mann gegen Mitternacht und hörte in seinem Zimmer Männer sprechen. Sie meinten offenbar, er schlafe, und er beschloß, sie in diesem Glauben zu lassen. So hörte er jedes Wort mit, das sie sagten, obwohl sie sehr leise sprachen. Bei den Eindringlingen handelte es sich um eine Gesellschaft von Hexenmeistern, die ihre Hexenzügel und ihr Zaubermittel unter dem Herdstein im Haus des alten Braham versteckt hielten. Aus ihren Gesprächen entnahm er weiter, daß jeder, der einem Pferd oder einer Person einen Hexenzügel umlege, unbedingte Macht über das betreffende Tier oder den Menschen gewann. Mit dem Zaubermittel aber verhielt es sich so: bestrich man damit die Stirn zwischen den Augen oder den Hals und schlug danach drei Kreuze über dem Herzen, so konnte man fliegen wie ein Vogel. Auch hörte er, daß die Männer in dieser Nacht vorhatten, seine Kälber zu behexen und auf ihnen, wie sie dies offenbar schon oft vorher getan hatten, zu einem Treffen der Hexen im Scraggly Gebirge zu reiten.
Da der siebente Hexenmeister auch nach längerem Warten nicht kam, beschlossen

die sechs anderen, ohne ihn zu reisen. Sie schoben den schweren Herdstein beiseite, und jeder nahm sich einen Zügel. Dann bestrichen sie sich mit dem Zaubermittel und schoben den Herdstein mit vereinten Kräften wieder an seinen Platz. Nachdem sie sich gegenseitig die Zügel angelegt und mit der Salbe bestrichen hatten, schlugen sie mit den Armen und flogen durch den Schornstein davon. Draußen kreisten sie eine Weile über dem Hof und machten sich dann auf zur Kälberweide. Dort legte der Anführer dem größten Kalb seinen Zügel an und auf ging's, die Straße hinunter, dem Hexentanzplatz entgegen. So wählte sich nacheinander jeder der Hexenmeister eines der Tiere und ritt auf ihm davon.

Mittlerweile war der alte Braham aufgestanden und hatte sich überlegt, daß er es eigentlich auch einmal mit einem Hexenritt versuchen könne. Zwar war der Herdstein schwer, aber er war ein starker Mann und mit einigen Anstrengungen gelang es ihm, ihn allein fortzubewegen. Er holte den siebenten Hexenzügel, der noch dort versteckt lag, bestrich sich mit der Zaubersalbe, die aus Anis, dem Blut einer Henne und zerstoßenem Glas gemischt war, rückte darauf den Stein wieder an seinen Platz und flog durch den Schornstein zur Kälberweide, wie er das von den anderen Hexenmeistern gesehen hatte. Dort legte er einem kleinen roten Kalb die Zügel an und sprang auf den Rücken des Tieres. Sobald er auf der Straße war, spornte er das Kalb an, schnell zu gehen, denn er wollte vor den anderen Hexenmeistern auf dem Tanzplatz sein.

Inzwischen hatte der Trupp der sechs die Straße verlassen und sich über das offene Land davongemacht, und der alte Braham sah gerade noch, wie sie auf ihren Kälbern über einen Fluß setzen wollten.

Auch er lenkte sein Tier zum Fluß hinunter, und als er das Ufer erreicht hatte, gab er dem Kalb Tritte mit den Fersen, damit es auch weit genug springe und ihn sicher auf die andere Seite bringe. Stattdessen aber wurde das Tier von dem Schreck scheu, brach aus und kam mitten auf dem Fluß nach dem Sprung auf einem großen Baumstamm zu stehen, der im Wasser unter dem Ufergebüsch trieb. Der alte Braham griff nach den Zweigen vor sich, dabei riß er dem Kalb den Zügel aus dem Maul. Dieses verwandelte sich sogleich in eine rote Eidechse und versank im Fluß. Mit dem Zügel in der Hand, gelang es dem Alten, auf dem Baumstamm festen Halt zu gewinnen. Kaum aber hatte er aufgeatmet, da sprang eine große blaue Katze aus den Erlensträuchern auf seinen Rücken und riß ihm den Zügel fort.

„So", sprach die große blaue Katze, „jetzt werde ich auf dir zum Hexentanzplatz reiten. Wenn du meinst, du müßtest dein rotes Kalb zu Tode hetzen, gut und schön. Nun bist du zur Stelle, und jetzt wirst du mich tragen. Ich wußte, daß einer der sieben Hexenmeister nicht mit von der Partie war. Auf zum Scraggly Gebirge. Hühott!"

Die Katze zerrte am Zügel und schlug den alten Braham mit der Pfote einmal auf die linke und dann wieder auf die rechte Wange. Was blieb dem Alten übrig, ob er wollte oder nicht, er mußte das Teufelsvieh zum Hexentanzplatz tragen.

Am Abhang des Gebirges, als der Weg beschwerlich wurde und er schnaufen mußte, sprang die Katze auf seinem Rükken auf und nieder und schlug ihn mit dem Zügelende, damit er rascher ging. Schließlich erreichten sie eine Lichtung in der Nähe des Tanzplatzes. Die blaue Katze führte ihr Pferd zu einem Baum, band es dort an und machte ihm klar, daß es sich nicht von der Stelle rühren dürfe und zur Hand sein müsse, wenn sie vom Tanzen zurückkomme.

Bis dahin verging eine lange Zeit, und als die große blaue Katze wieder erschien, war sie müde und schläfrig und teilte dem in ein Pferd verwandelten Alten mit, ehe sie auf ihm zurückreite, wolle sie erst noch eine Weile schlafen. Sie streckte sich unter dem nächsten Baum aus, und bald hörte Braham ein lautes Schnarchen.

Wie er die Katze so liegen sah, sann der Alte darüber nach, ob er sich nicht aus seiner Verzauberung befreien könne. Es muß mir nur gelingen, überlegte er, den Hexenzügel aus meinem Mund zu zerren und ihn in das Maul der Katze zu stopfen. Er versuchte es, und mit einiger Mühe gelang es ihm, den Zügel aus seinem Mund loszumachen. Leise schlich er zur Katze hinüber, legte ihr den Zügel um das Maul und zerrte daran, um sie aufzuwecken. Die große blaue Katze sprang im Augenblick auf, fauchte und begann mit den Pfoten um sich zu schlagen.

„Nur ruhig", sagte der alte Braham, „als es bergauf ging, war ich dein Pferd. Nun, da es bergab geht, wirst du mich tragen. Du mußt zugeben, daß du immer noch recht gut wegkommst."

Die Katze schien einzusehen, daß ihr nichts anderes übrigblieb als zu gehorchen, und so kletterte der Alte auf ihren Rücken und ritt talwärts.

Der alte Mann war schwer, und unterwegs verlor die Katze all ihre Wildheit und ihren Mut. Ihre Pfoten waren nicht an solche Lasten gewöhnt und begannen zu bluten. Da ritt der Alte mit ihr zu einer Schmiede, ließ die Pfoten mit Hufeisen beschlagen und weiter ging's. Als sie nun ins Dorf kamen, blieb die Katze plötzlich vor einer der Hütten stehen und wollte nicht weiter. Da sie ihn bis dahin brav getragen hatte, bekam Braham Mitleid mit ihr. Ich will sie in dieses Haus führen und sehen, was dann geschieht, dachte er neugierig. Kaum aber hatte er den Fuß auf die Schwelle der Hütte gesetzt, da verwandelte sich die große blaue Katze in ein altes Hexenweib, das unter bösem Lachen zu Braham sagte: „Haha. Jetzt siehst du, wer ich bin. Ich bin eine alte, mächtige Hexe. Ich werde dich verzaubern, und du wirst sterben müssen."

„Nur langsam", antwortete Braham, „ich fürchte, du täuschst dich. Ich bin dein Herr und Meister. Noch hast du den Hexenzügel im Mund. Nett von dir, daß du solange stillgehalten hast, denn jetzt werde ich dich hier festbinden, heimgehen und eine silberne Kugel gießen. Dann komme ich zurück und töte dich."

Die alte Hexe jammerte und flehte um Gnade, aber Braham ließ sich nicht rühren. Er band sie mit einer Kette an einen Stuhl fest und ging darauf heim.

Kurz nachdem Braham weggegangen war, ging die Sonne auf, und es wurde Tag. Da kam ein Mann daher, der die Hexe bitten wollte, seinen behexten Sohn zu erlösen. Als er das alte Weib an den Stuhl gefesselt sah, war er froh. Sie aber redete auf ihn ein und versprach ihm, falls er sie losmache, nie mehr seine Familie mit Zauberei zu belästigen und zudem seinen Sohn von dem Bann zu befreien. Um ihre guten Absichten zu unterstreichen, zog sie einen silbernen Ring vom Finger und gab ihn dem Mann. Der ging hinaus und kam bald darauf mit einer Zange wieder und befreite die Hexe.

Kaum war der Mann aber aus dem Haus, da schlich sich die alte Hexe zu einem großen Schrank. Dort holte sie eine glänzende Blechpfanne, ihre Hexenpfanne, hervor und setzte sich dann damit auf das Fensterbrett. Sie ließ die Sonnenstrahlen auf das funkelnde Blech fallen. Das sah aus, als ob Funken aufzuckten. Sie beklopfte das Blech und murmelte dazu:

„Ich hier, die mit der blitzenden Pfanne, verschreibe erneut meine Seele wie meinen Leib dem Teufel unter der Bedingung, daß dieser Ebenezer Braham sterben läßt. Dies soll so gewiß sein wie der Sonnenuntergang heute abend und der

Sonnenaufgang morgen früh, und Braham soll Schmerzen leiden, unerträgliche Schmerzen von nun an bis zur Stunde seines Todes. Dazu verhelfe mir der Teufel."
Doch während die alte Hexe ihre Beschwörung vorbereitet hatte, war auch der alte Braham nicht faul gewesen. Er war heimgelaufen und hatte eine silberne Kugel gegossen. Eine gute Zeit verging, ehe das Geschoß festgeworden war und die Büchse damit geladen werden konnte. Unterdessen hatte Braham auch ein ungefähres Bild der alten Hexe auf ein Stück Papier gezeichnet. Plötzlich spürte er, wie der Zauber der Hexe über ihn kam. Schnell griff er nach seinem Gewehr, nahm das Papier mit dem Hexenbild, rannte ins Freie und hängte die Zeichnung an einen Baum. Dann trat er ein paar Schritte zurück und schoß. Die Silberkugel traf das Bild der Hexe und schlug darauf in die Rinde des Baumes.
Gerade in diesem Augenblick war die Hexe mit ihrer Beschwörung zu Ende gekommen und wollte das letzte Wort sagen. Plötzlich griff sie sich mit der Hand zum Herz und rief laut: „O mein Gott, man schießt auf mich. Ich muß sterben."
Und sie sank tot zusammen.

Aus: M. Federspiel (Hrsg.), Das Gruselkabinett

30 De Lancre, Der Hexensabbat

31 Beschreibung des Hexensabbats

Und was geschah nun, wenn eine Hexe auf dem Sabbat eintraf? Die grotesken Details dieser Zusammenkünfte waren nur allzugut verbürgt. Zunächst traf die Hexe zu ihrer Überraschung fast alle Freunde und Nachbarn an, von denen sie zuvor nie angenommen hätte, daß auch sie zur Hexenzunft gehörten. Unzählige Dämonen begleiteten die Hexen, an die sie sich durch teuflischen Pakt gekettet hatten; und dann erschien die sie alle beherrschende Gestalt, der Herr und Meister der Feiern, der Gott ihrer Verehrung, der Teufel selbst, der manchmal als großer, schwarzer und bärtiger Mann, öfter als stinkender Bock und bisweilen auch als riesige Kröte auftrat. Die anwesend waren, erkannten ihn als ihren Meister. Sie alle vereinten sich, den Teufel anzubeten, und tanzten rund um ihn zum Klang einer makabren Musik, die aus seltsamen Instrumenten wie Pferdeschädeln, Eichenstämmen und Menschenknochen ertönte. Anschließend küßten sie ihn unter den Schwanz,wenn er ein Bock, und auf den Mund, wenn er eine Kröte war. Danach stürzten sie sich auf seinen Befehl in wüste sexuelle Orgien oder ließen sich zu einem Festschmaus nieder, der aus den Gerichten bestand, zu denen sie ihre jeweilige nationale Einbildung gerade verlockte. In Deutschland waren es geschnittene weiße Rüben, eine Nachäffung der Hostie, in Savoyen gebratene oder gekochte Kinder, in Spanien ausgegrabene Leichen, vorzugsweise die von Verwandten, im Elsaß Fledermausfrikassee und in England, eher vernünftig, Rinderbraten und Bier. Jedoch machten diese feinen Diätvarianten kaum einen Unterschied: Das Essen war, darüber gab es in Fachkreisen keine Unstimmigkeit, kalt und völlig ohne Geschmack, und eine notwendige Zutat, nämlich Salz, war aus irgendeinem geheimnisvollen dämonologischen Grund nie erlaubt.

Aus: H. Trevor-Roper, Der europäische Hexenwahn des 16. und 17. Jahrhunderts

32 Hexenverbrennung

33 Die christlichen Kirchen und die Hexenverfolgungen

1. Aus der Bulle „Summis desiderantes" des Papstes Innozenz VIII. von 1484 (Bulle = offizielles päpstliches Schreiben):
„Innocentz Bischoff, ein Knecht der Knechte Gottes. Zu künftigen, der Sache Gedächtniß. Indeme wir mit der höchsten Begierde verlangen, wie es die Sorge unsers Hirten Amtes erfordert, daß der Catholische Glaube fürnehmlich zu unseren Zeiten allenthalben vermehret werden und blühen möge, und alle Ketzerische Bosheit von denen Gräntzen der Gläubigen weit hinweg getrieben werde, so erklären wir gerne, dasjenige und setzen es auch von neuem, wordurch solches Unser Gottseliges Verlangen die erwünschte Würkung erlangen mag. (...)
Gewißlich ist es neulich nicht ohne grosse Beschwehrung zu unsern Ohren gekommen, wie daß in einigen theilen des Oberteutschlands (...) sehr viele Personen beyderley Geschlechts, ihrer eigenen Seligkeit vergessend, und von dem Catholischen Glauben abfallend, mit denen Teufeln, die sich als Männer oder Weiber mit ihnen vermischen, Mißbrauch machen, und mit ihren Bezauberungen, Liedern und Beschwehrungen, und anderen abscheulichen Aberglauben und zauberischen Übertretungen, Lastern und Verbrechen, die Geburten der Weiber, die Jungen der Thiere, die Früchten der Erde, die Weintrauben und die Baumfrüchte, wie auch die Menschen, die Frauen, die Thiere, das Vieh, und andre unterschiedener Arten Thiere, auch die Weinberge, Obstgarten, Wiesen, Weyden, Getreide, Korn und andern Erdfrüchten, verderben, ersticken und umkommen machen und verursachen, und selbst die Menschen, die Weiber, allerhand groß und klein Vieh und Thiere mit grausamen sowohl innerlichen als äusserlichen Schmertzen und Plagen belegen und peinigen, und eben dieselbe Menschen, daß sie nicht zeugen, und die Frauen, daß sie nicht empfangen, und die Männer, daß sie denen Weibern, und die Weiber, daß sie denen Männern, die eheliche Werke nicht leisten können, verhindern. Über dieses den Glauben selbst, welchen sie bey Empfangung der heiligen Tauffe angenommen haben, mit Eydbrüchigen Munde verläugnen. Und andere überaus viele Leichtfertigkeiten, Sünden und Lastern, durch Anstifftung des Feindes des menschlichen Geschlechts zu begehen und zu vollbringen, sich nicht förchten, zu der Gefahr ihrer Seelen, der Beleidigung Göttlicher Majestät, und sehr vieler schädlicher Exempel und Ärgerniß.
Die vorher schon als Hexenverfolger eingesetzten Inquisitoren Jakob Sprenger und Heinrich Institoris werden dann ausdrücklich als solche bestätigt. (Es hatte gegen sie bei einzelnen Bischöfen Widerstand gegeben.)
Gegeben in Rom zu St. Peter, im Jahr der Menschwerdung des HErrn Tausend vierhundert und vier und achtzig, den 5. December, im ersten Jahr unserer Päbstlichen Regierung."

Aus: J. W. R. Schmidt (Hrsg. u. Übers.), Der Hexenhammer

2. John Wesley: „Wenn man den Glauben an das Hexenwesen aufgibt, so gibt man die Bibel auf." (1768)
John Wesley war der Begründer des Methodismus (einer englisch-amerikanischen Erweckungsbewegung, die der Herrnhuther Brüdergemeinde nahesteht).

3. Die Einstellung der Kirche zum Hexenglauben im frühen Mittelalter:
Wir sehen im 8. Jahrhundert den heiligen

Bonifatius, den angelsächsischen Apostel Germaniens, landauf landab verkünden, daß der Glaube an Hexen und Werwölfe unchristlich sei. Im selben Jahrhundert bedrohte ein Erlaß Karls des Großen jeden mit der Todesstrafe, der im neubekehrten Sachsen sogenannte Hexen verbrenne, da dies ein „heidnischer Brauch" sei. Im folgenden Jahrhundert wandte sich Erzbischof Agobard von Lyon gegen den Glauben, daß Hexen schlechtes Wetter herbeizaubern könnten, und ein unbekannter Prälat erklärte, daß nächtliches Fliegen und Verwandlungen Halluzinationen (= Einbildungen) seien und daß jeder, der daran glaube, „ohne Zweifel ein Ungläubiger und ein Heide" sei. Diese Feststellung fand Eingang in das kanonische Recht (= in der Kirche gültiges Recht), wurde als ‚canon episcopi' oder ‚Capitulum episcopi' bekannt und blieb offizielle Kirchendoktrin. Im 11. Jahrhundert lehnte es König Coloman von Ungarn in seinen Gesetzen ab, sich mit Hexen zu befassen, „da es sie nicht gibt", und im 12. Jahrhundert bezeichnete Johann von Salisbury die Vorstellung von einem Hexensabbat als Fabeltraum.

Aus: H. Trevor-Roper, Der europäische Hexenwahn des 16. und 17. Jahrhunderts

34 Ursachen des Hexenwahns

1. Antoinette Bourignon, die einzige Überlebende ihrer Familie, wollte das von ihr ererbte Gut frommen Zwecken zuführen, und deshalb gründete sie eine Schule für obdachlose Kinder. Im Jahre 1658 wurde die Schule mit Erlaubnis des Bischofs von Lille in ein Kloster umgewandelt. Wie Antoinette Bourignon sagt, wurden die Mädchen unter strenger Zucht gehalten. Es wird allerdings nicht erwähnt, ob man sie darüber befragte, wie ihnen das Klosterleben gefalle. Drei Jahre später entdeckte man, daß 32 der Insassinnen Hexen waren. Die Behandlung der Mädchen war, den Anschauungen der damaligen Zeit entsprechend, unerbittlich hart. Madame Bourignon, die für dieses Kloster Minderjähriger verantwortlich war, berichtet, daß die Kinder sich jeden Freitag öffentlich demütigen und ihre Sünden bekennen mußten. Diesen frommen Übungen folgten Züchtigungen und Geißelungen, oder die Kinder wurden statt dessen an einen Ort eingesperrt, der „das Gefängnis" hieß. Ein fünfzehnjähriges Mädchen schloß die Gefängnistür auf und kehrte in die Klasse zurück, was Madame Bourignon für einen Akt der Hexerei hielt. Das Mädchen erklärte allerdings, daß es von einem schwarzen Mann befreit worden sei. Zur Prüfung der Angelegenheit holte man drei Pfarrer, die nach langem Befragen zu dem Urteil gelangten, das Mädchen sei von einem Teufel besessen. Ein anderes Mädchen, das gepeitscht werden sollte, erklärte, daß sie ihr „Verbrechen" mit Hilfe einer anderen Person begangen habe und daß sie alles bekenne, wenn sie nicht geschlagen würde.
   „Ich nahm sie zu mir auf mein Zimmer, und sie sagte mir, daß es der Teufel war, ein hübscher junger Mann, etwas größer als ich selbst." Solche Kinder-

teufel müssen den anderen Mädchen gefallen haben, denn kurze Zeit danach erzählten 32 junge Nonnen von ihren kleinen Männerteufeln, die nett zu ihnen seien, sie Tag und Nacht liebkosten, sie zu Hexenfesten führten usw.

2. Die Bauern wurden im späten Mittelalter zur Verzweiflung getrieben durch die zunehmende Unordnung und durch die wachsende Unterdrückung. Sie mußten sich für Klöster und Adel abrackern und zugleich erfahren, daß jeder offene Aufstand ohne Hoffnung auf Erfolg war. Eine Erhebung nach der anderen war von den weltlichen und geistlichen Herren blutig niedergeschlagen worden. In seiner Verzweiflung flüchtete der Leibeigene sich in eine Traumwelt. Er rief nach den alten Gottheiten, die zwar vertrieben worden waren, die aber noch immer ihr geheimnisvolles Leben weiterführten, viele davon als Gnome unter der guten Erde. Sie waren sehr klein und häßlich geworden, aber sie waren immer zu Wohltaten bereit und dem einfachen Menschen zugetan, dessen Haut so braun und verrunzelt war wie die ihre. Elfen lebten in Bäumen und Quellen, herrliche weibliche Wesen einer übernatürlichen Welt, die viel mächtiger und schöner waren als die überheblichen Herrinnen, die sich vor Lachen schüttelten, wenn der Schloßherr von den Grausamkeiten und Quälereien erzählte, die die Frauen des Dorfes von seinen eigenen Leuten zu erdulden hatten.
3. Die Hexenverfolgung wurde bald zu einem Gewerbe, das Richter, Gefängniswärter, Folterer, Exorzisten, Holzspalter, Schreiber und allerlei sonstige Fachleute beschäftigte, und die Abschaffung der Verhöre hätte eine wirtschaftliche Krise heraufbeschworen. Wer immer seinen Unterhalt in diesem Gewerbe verdiente, hatte ein Interesse daran, daß es bestehen blieb. Hier gab es kein Entrinnen: Die Hexen mußten bekennen. Sie wurden derart zur Verzweiflung getrieben, daß sie lieber eines fürchterlichen Todes starben, als daß sie sich verteidigten. Einer der verständnisvollsten Gegner der Hexenprozesse, der Jesuit Friedrich von Spee (1591–1635), sagte, er habe sich oft gedacht, der einzige Grund, weshalb nicht alle Menschen Zauberer seien, liege darin, daß nicht alle gefoltert worden seien. Es sei wahr, womit ein Inquisitor kürzlich zu prahlen gewagt hatte: Wenn er des Papstes habhaft werden könne – er bringe es fertig, daß auch dieser sich als Zauberer bekennt.

Aus: K. Seligmann, Das Weltreich der Magie

Hexenverfolgung und Hexenglaube III

35 Hexerei und Hexenverfolgung: Entstehung und Hintergründe

Am stärksten war die Hexerei in Frankreich, den Niederlanden, im Rheinland, in Norditalien und in den Alpenregionen vertreten. Mit Ausnahme der Alpenregionen handelt es sich dabei um die reichsten, am dichtesten bevölkerten, am stärksten industrialisierten und geistig fortschrittlichsten Gebiete Europas. In den Alpen trat die Hexerei erst auf, als die Hexen – wie vor ihnen die Ketzer – sich der Verfolgung durch die Flucht in die schützenden Bergregionen entzogen.
Es scheint widersinnig, aber es ist so: Die Hexerei steht im Zusammenhang mit dem geistigen Fortschritt! Wie ist das zu erklären?
Alle Menschen haben eine starke Neigung, am Altgewohnten und Bewährten festzuhalten. Tauchen neue Gedanken, neue Lebensgewohnheiten, neue Erfindungen auf, hat das immer auch etwas Bedrohliches: Alte Berufe werden überflüssig, man verliert vielleicht die Existenzgrundlage; andere, die man bisher für weit unter dem eigenen Stand hielt, werden auf einmal reicher und mächtiger; die Verhältnisse zwischen den Generationen und den Geschlechtern ändern sich, z. B. begannen am Ende des Mittelalters die Frauen etwas unabhängiger zu werden. Darüber hinaus hatten die Menschen damals im Gegensatz zu heute eine statische Auffassung von der Welt: Wie Gott die Natur und die Menschen zu Anfang geschaffen hat, so bleiben sie für immer. Wenn also die Ordnung der Welt oder der Gesellschaft sich änderte, schien Gottes Schöpfung selbst bedroht. So entwickelte sich im Mittelalter als Reaktion auf den Fortschritt (Städte begannen sich zu entwickeln; neue Fertigungsweisen bedingten den Untergang alter Berufe und den Aufstieg von neuen; die kleinen, überschaubaren Herrschaften der Ritter und Grafen entwickelten sich zu größeren Ländern mit immer komplizierterer Verwaltung) bei vielen, die ihm fernstanden, Angst. Bedrohlich und angsterzeugend waren nicht nur diese Veränderungen, sondern auch Erscheinungen wie die Seuchen und Hungersnöte des 14. Jahrhunderts, wie die Aushöhlung der obersten Autorität in der Religion, des Papsttums, durch das Ausrufen eines Gegenpapstes und die bisher unerhörte Spaltung in der abendländischen Kirche („babylonisches Exil“ der Päpste im französischen Avignon).
Es gibt nun zwei Möglichkeiten, wie man auf die angstvoll erlebte Bedrohung der vertrauten Welt reagieren kann: Entweder bejaht man, daß alles sich ändert, und läßt die alte Welt buchstäblich „zum Teufel gehen“: Dann wendet man sich gegen alles Alte, auch gegen den alten Glauben. Darin liegt ein Grund für die Zunahme aller möglichen Häresien (Ketzereien, Irrlehren) gegen Ende des Mittelalters, so könnte sich die Neigung zur Hexerei auch erklären.
Russell zitiert: „Hexerei ist immer eine Umstürzung der moralischen Maßstäbe jener Welt, in der Hexen leben. Sie ist eine drastische und spektakuläre Form der Rebellion, eine Verwerfung der Dinge in ihrer gegenwärtigen Gestalt.“ An einer

Veränderung der Dinge in ihrer damaligen Gestalt mußten die Frauen ein besonderes Interesse haben: Sie galten im frühen Mittelalter – und letztlich schon seit dem Alten Testament – nur als eine besondere Art des Eigentums für den Mann. Veränderungen konnten nahezu nur als Chance zur Verbesserung ihrer Lebensumstände erscheinen.

Die andere Möglichkeit der Reaktion ist, daß man mit aller Gewalt am Überkommenen festhält. Menschen, die anders denken, werden dann zu Sündenböcken, die an allem Bösen schuld sind. Eine feindselige und mächtige Gruppe von Leuten, die sich der Hilfe des Teufels bedienen können soll, paßt in die Rolle des Sündenbocks ausgezeichnet. So glaubten die Hexenverfolger, sie könnten den Untergang der alten Welt verhindern, wenn sie nur die Hexen beseitigten.

Diese irrationale Angst und der Versuch der Abhilfe, die Vernichtung vermeintlicher Sündenböcke, sind uns aus dem zwanzigsten Jahrhundert gut bekannt – noch viel weniger konnten die Menschen des Mittelalters sich solchen Ängsten entziehen.

Wenn man sich den Hexenglauben, wie hier versucht, als Rebellion erklärt, dann hätte er *nicht nur* in der Phantasie der Verfolger existiert, die mit Hilfe der Folter von ihren Opfern sicherlich jedes gewünschte Geständnis erpressen konnten. Es hat in der Tat auch immer wieder freiwillige „Geständnisse“ gegeben, die zeigen, daß zumindest manche Hexen in einer Phantasiewelt lebten, die den Vorstellungen ihrer Peiniger entsprach.

Nach: Jeffrey Burton Russell, Hexerei und Geist des Mittelalters

36 Karikatur eines Juden (NS-Plakat)

Aus: Ausstellungskatalog. Kunst im 3. Reich. Frankfurter Kunstverein

Quellenverzeichnis

1 Karikatur von Mertens „Für sich selbst gezeichnet". Aus: Mack/Volpert, Kennen Sie die 10 Gebote? Oberstufe Religion 8. Stuttgart: Calwer Verlag 1985, S. 13. © Verlag J. P. Peter, Gebr. Holstein GmbH & Co. KG

2 Bericht aus: DER SPIEGEL Nr. 2/1973. Aus: V. Göhrum/E. Röhm, Zur Strafe, MRU 6. Stuttgart: Calwer-/Köselverlag 1975, S. 3

3 E. H. Erikson, Identität und Lebenszyklus. Frankfurt/M.: Suhrkamp-Verlag 1976^3, S. 55ff. (zusammengefaßt)

4 E. H. Erikson, Identität und Lebenszyklus. Frankfurt/M.: Suhrkamp-Verlag 1976^3, S. 214ff. (Anhang)

5 Dietrich Bonhoeffer, Widerstand und Ergebung, Briefe und Aufzeichnungen aus der Haft (hrsg. v. Eberhard Bethge). München: Chr. Kaiser Verlag 1970, S. 381f.

6 Aus: W. Janzen, Okkulte Erscheinungen. Astrologie. Spiritismus. Stuttgart: J. F. Steinkopf Verlag 1975, S. 56f. (Begleitblatt zum Film: Die Sterne zwingen nicht. FWU 1982)

7 Gerhard Zwerenz, Magie, Sternenglaube, Spiritismus. Frankfurt: S. Fischer 1974, S. 177–184

8 O. Prokop/W. Wimmer, Der moderne Okkultismus. Stuttgart/New York: G. Fischer Verlag 1987^2, S. 7f., 11f.

9 Aus: allensbacher berichte. Institut für Demoskopie Allensbach 1990/Nr. 11

10 Ingrid Malzahn: Das Wunder Ihrer Psyche. Genf: Ariston Verlag 1987. (Stellenauswahl/minimal ergänzt nach: W. Janzen, Okkultismus. Mainz/Stuttgart: M. Grünewald Verlag/Quell Verlag 1988)

11 Aus: Bernhard Grom, Spiritismus und Mediumismus. Stuttgart: Evang. Zentralstelle für Weltanschauungsfragen, ezw-Information Nr. 108, I 1989, S. 2

12 Aus: test (Zeitschrift der Stiftung Warentest) 8/1987, S. 69

13 Neil Postman, Wir amüsieren uns zu Tode. Frankfurt: Fischer TB 1985, S. 88f.

14 Aus: Wolfram Janzen, Okkultismus. Mainz/Stuttgart: M. Grünewald Verlag/Quell Verlag 1988, S. 125ff.

15 Aus: Paul Bauer, Horoskop und Talisman. Stuttgart: Quell Verlag 1963, S. 15ff. (in Auszügen)

16 Aus: Roman Bleistein, Die jungen Christen und die alte Kirche. Freiburg: Herder Verlag 1975, S. 95f.

17 a) „Baal": Benziger Verlag AG, Zürich; „Qadschu": Kohlhammer Verlag, Stuttgart
b) „Vishnu" und „Shiva" by courtesy of the Board of trustees of the Victoria & Albert Museum, London

18 John Glenn, Zufall oder mehr? Aus: Gaus u. a., Lesestücke für den kath. Religionsunterricht. München: Kösel Verlag 1971, S. 178. © Dr. Josef Holzer: Und Gott sprach ... St. Pölten: Verlag Welt und Heimat

19 „Der Schöpfer als Weltenmesser", Österreichische Nationalbibliothek, Wien

20 Aus: pogrom. Zeitschrift für bedrohte Völker. Hrsg. von der Gesellschaft für bedrohte Völker, Göttingen, Nr. 129 (1987) bzw. Nr. 133 (1987)

21 Matthias Grünewald, Kreuzigung. Aus: Orientierung Religion. Frankfurt: Diesterweg Verlag 1974, S.83

22 Hermann Häring, Das Problem des Bösen in der Theologie. Darmstadt:

Wissenschaftliche Buchgesellschaft 1985, S. 160, 174f., 182f. (Der Text ist von Grund auf neu formuliert, es gibt nur einen starken inhaltlichen Bezug!)

23 Zitiert nach: Dorothee Sölle, Leiden. Stuttgart: Kreuz Verlag 1980[5], S. 178

24 H. Gorbauch

25 H. Gorbauch

26 Grünes Skapulier. Aus: Altötting: Verlag St. Grignionhaus. © R. Berger, Kleines liturgisches Wörterbuch. Freiburg: Herder Verlag 1969, S. 68

27 Oben: Anpassung oder Wagnis, Materialien für den Religionsunterricht. Frankfurt: Diesterweg Verlag 1973[3], S. 142
Mitte: Kurt Seligmann, Das Weltreich der Magie, dt. Wiesbaden: R. Löwit Verlag o. J., S. 217f.
Unten: Formulierung: Horst Gorbauch. Nach: H. C. Erik Midelfort: Witch Hunting in South Western Germany 1562–1684. Stanford/California 1972

28 Martin Federspiel (Hrsg.), Das Gruselkabinett, 76 Spukgeschichten aus aller Welt. Wiesbaden: R. Löwit Verlag o. J., S. 173ff.

29 Martin Federspiel (Hrsg.), Das Gruselkabinett, 76 Spukgeschichten aus aller Welt. Wiesbaden: R. Löwit Verlag o. J., S. 230ff.

30 De Lancre, Der Hexensabbat. Aus: K. Seligmann, Das Weltreich der Magie. Wiesbaden: R. Löwit Verlag o. J., S. 208

31 Aus: H. Trevor-Roper, Religion, Reformation und sozialer Umbruch. Berlin: Ullstein Verlag 1970, S. 99

32 Hexenverbrennung. Aus: K. Seligmann, Das Weltreich der Magie. Wiesbaden: R. Löwit Verlag o. J., S. 213

33 1. Aus: J. W. R. Schmidt (Hrsg.), Der Hexenhammer. München: dtv 1980, S. 36ff./Mittelalterliche Übersetzung: E. D. Hauber: Bibliotheca sive acta et scripta magica. I. Lemgo 1738–1745.
2. Aus: K. Seligmann, Das Weltreich der Magie. Wiesbaden: R. Löwit Verlag o. J., S. 203
3. H. Trevor-Roper, Religion, Reformation und sozialer Umbruch. Berlin: Ullstein Verlag 1970, S. 97

34 Aus: K. Seligmann, Das Weltreich der Magie. Wiesbaden: R. Löwit Verlag o. J., S. 194ff. (leicht verändert)

35 Mit einigen Ergänzungen nach: Jeffrey Burton Russell, Hexerei und Geist des Mittelalters. Deutsch (von Max Looser) in: Die Hexen der Neuzeit. Studien zur Sozialgeschichte eines kulturellen Deutungsmusters. Hrsg. Claudia Honegger. Frankfurt (Suhrkamp) 1978, S. 8159–87. Zitate S. 162, 164f., 172f.

36 Aus: „entwurf" (Religionspädagogische Mitteilungen) Nr. 4/1976, Stuttgart. In: Ausstellungskatalog. Kunst im 3. Reich. Dokumente der Unterwerfung. Herausgegeben vom Frankfurter Kunstverein 1975. 3.A Bild 231